Making the Grade with

Klasse 3

GINGER 1

Beobachtung und Beschreibung von Leistungen im Englischunterricht der 3. Klasse

Cornelsen

Making the Grade with GINGER 1

Beobachtung und Beschreibung von Leistungen im Englischunterricht der 3. Klasse

**Leistungsermittlungsheft
Klasse 3**

Erarbeitet von
Hans Bebermeier, Bielefeld • Margarete Frederichs, Paderborn • Evelin Hartmann-Kleinschmidt, Delbrück • Ursula Stoll, Hüllhorst

Beratende Mitwirkung
Ramona Buhl, Neuhaus-Schierschnitz • Christiane Kässner, Darmstadt • Amke Lindenmann, Wedemark

Redaktion
Marie Keenoy (Projektleitung); Redaktionsbüro Birgit Herrmann, Aachen (Außenredaktion);
Rebecca Kaplan (Verlagsredaktion)

Grafik
Jan Lewis, Pangbourne, England

Gesamtgestaltung und technische Umsetzung
Susanne Meyer

1. Auflage   Druck 4 3 2 1   Jahr 07 06 05 04

Alle Drucke dieser Auflage sind inhaltlich unverändert
und können im Unterricht nebeneinander verwendet werden.

© 2004 Cornelsen Verlag, Berlin

Das Werk und seine Teile sind urheberrechtlich geschützt. Jede Nutzung
in anderen als den gesetzlich zugelassenen Fällen bedarf der vorherigen
schriftlichen Einwilligung des Verlages. Hinweis zu § 52 a UrhG:
Weder das Werk noch seine Teile dürfen ohne eine solche Einwilligung
eingescannt und in ein Netzwerk eingestellt werden. Dies gilt auch für
Intranets von Schulen und sonstigen Bildungseinrichtungen.
Die Kopiervorlagen dürfen für den eigenen Unterrichtsgebrauch
in der jeweils benötigten Anzahl vervielfältigt werden.

Druck: Druckhaus Berlin-Mitte

ISBN 3-464-34585-8

Bestellnummer 345858

Inhaltsverzeichnis

Vorwort 4
    Musterbogen 6

Beobachtungsbogen
    Welcome aboard! 10
    Orange Island 13
    Circus Island 16
    Rainbow Island 19
    Robot Island 22
    Fantasy Island 25

Kontrollaufgaben
    Welcome aboard! 28
    Orange Island 36
    Circus Island 44
    Rainbow Island 52
    Robot Island 60
    Fantasy Island 68

Selbsteinschätzungsbogen
    Welcome aboard! 76
    Orange Island 77
    Circus Island 78
    Rainbow Island 79
    Robot Island 80
    Fantasy Island 81
    1./2. Halbjahr 82
    2. Halbjahr 83

Lehrereinschätzungsbogen 84

Vorwort

Mit der Redewendung *making the grade*, also „Erfolg haben" oder „es schaffen", spielt der Titel des vorliegenden Heftes auf den Sprachlernerfolg an, den Schüler/innen durch die Arbeit mit GINGER in der 3. Klasse erzielen. Gleichzeitig wird mit *grade* (dt.: Note) die Funktion des Heftes für die Lehrkräfte angedeutet: Sie erhalten Instrumente für die Beobachtung und Beschreibung von Leistungen, die ihnen bei deren professioneller Einschätzung sowie bei der Abfassung von Lernentwicklungsberichten und Zeugnissen helfen.

In diesem Heft steht die kontinuierliche Beobachtung und Diagnose der Lern- und Leistungsentwicklung des einzelnen Kindes im Mittelpunkt. Sie ist unerlässlich, um dem Bedürfnis des Kindes nach Anerkennung, Begleitung und Förderung entgegen zu kommen, und erfüllt damit entsprechende Lehrplanvorgaben (z. B. die Vermittlung von Vertrauen in die eigenen Leistungsmöglichkeiten und Mut zum Weiterlernen).

Making the Grade with GINGER hat vorrangig zum Ziel, den Lehrenden Anregungen und Hilfen dafür zu geben, wie sie die individuellen Lernstände, -erfolge und -möglichkeiten eines Kindes erfassen, dokumentieren und interpretieren können. Dabei wird weitgehend auf Vergleiche mit anderen Lerngruppenmitgliedern verzichtet; es wird das *can* und nicht das *ought to* ermittelt. So stützt und verstärkt der regelmäßige Einsatz dieses Angebotes den Lern- und Lehrprozess.

Zu den wichtigsten Aufgaben des Englischunterrichts in der Grundschule zählt bekanntlich die Vermittlung bzw. Entwicklung von
- elementaren sprachlichen Fähigkeiten und Fertigkeiten,
- Kenntnissen über Sprache und das Sprachenlernen,
- positiven Einstellungen und Haltungen gegenüber der Fremdsprache und „Fremdem" sowie
- Zuversicht in die eigenen Lern- und Leistungsmöglichkeiten.

Wie nun kann die hier genannte Zuversicht des Kindes entwickelt werden? Zum einen durch die eigene – realistische – Wahrnehmung des Lernfortschritts, zum anderen aber vor allem durch die regelmäßige Rückmeldung (Feedback) durch die Lehrkraft. Dieses Feedback erfolgt im 3. Schuljahr noch nicht anforderungsbezogen, sondern
- **prozessbezogen**: Die Ermittlung individueller Lernfortschritte ermöglicht Einsicht in den Zusammenhang zwischen Anstrengung und Leistung (Lernerfolg); und
- **ergebnisbezogen**: Kinder, Lehrkräfte und Eltern erhalten Einblicke in das bis zu einem bestimmten Zeitpunkt erreichte Sprachkönnen in verschiedenen Teilbereichen des neuen Faches (Lernstand).

Making the Grade with GINGER will Lehrkräften mit einer Auswahl von Fotokopiervorlagen konkrete Anregungen und Hilfen geben für:
- die Beobachtung von Schülerleistungen im Lernprozess → Beobachtungsbogen,
- die fertigkeitsgesteuerte Rückmeldung über Gelerntes an Kinder und Eltern → Kontrollaufgaben,
- die Anbahnung der Selbsteinschätzung *(self-assessment)* von Können → Selbsteinschätzungsbogen sowie
- die Dokumentation des Lernstandes → Lehrereinschätzungsbogen.

Beobachtungsbogen (vgl. S. 6)

Für die fortlaufende, systematische Beobachtung der Kinder in Unterrichtssituationen wurden spezielle Beobachtungsbogen entwickelt, die Beispiele für Unterrichtsaktivitäten geben, welche für die lernprozessbegleitende Beobachtung (hauptsächlich in der Anwendungsphase) besonders geeignet sind. Die Bogen spiegeln in der Praxis gewonnene Verfahren wider, die auf den ersten Blick zeitaufwändig erscheinen mögen, sich jedoch im Unterrichtsalltag bald als entlastend erweisen. Die *skill*-bezogenen Beobachtungen sind nicht mit Beurteilungen zu verwechseln, sondern helfen mittels klarer Indikatoren, Umfang, Art und erreichten Grad der jeweiligen Kompetenz (Hörverstehen, Sprechen, Leseverstehen, Schreiben, Lern- und Arbeitstechniken sowie Language Awareness) zu identifizieren, eventuell vorhandene Lernschwierigkeiten zu erkennen und gezielt Hilfestellung zu leisten.

Kontrollaufgaben (vgl. S. 7)
Die Aufgaben für die Hand des Kindes geben Aufschluss über Umfang und Art der Kompetenzen, die vor allem im Bereich Hörverstehen, aber auch im Leseverstehen und Schreiben erworben bzw. vermittelt wurden. Die Aufgaben dienen weder Übungs- noch Testzwecken; sie sind ein Analyse-Instrument. Mit ihrer Hilfe kann die Lehrkraft feststellen, ob und in welchem Umfang die Kinder bereits eigenständig mit der (aus dem Unterricht bekannten) englischen Sprache umgehen können. Dem Aufgabenangebot wird jeweils eine Seite mit Erläuterungen für die Lehrkraft gegenübergestellt.

Selbsteinschätzungsbogen (vgl. S. 8)
Neben die Beobachtung durch die Lehrkraft tritt zunehmend auch die Einschätzung des Lernstandes durch die Kinder selbst (*self-assessment*; so wie in den Lehrplänen mehrerer Bundesländer gefordert). Mit Hilfe der Selbsteinschätzungsbogen sollen die Kinder vorsichtig an das eigenständige Erkennen und Einschätzen dessen, was sie gelernt haben, herangeführt werden. Die lern- und motivationspsychologische Funktion dieser Bogen ist sehr hoch, besonders dann, wenn die – durch Stellungnahmen der Lehrkraft ergänzte – Selbsteinschätzung auf Fortschritte hinweist, Zutrauen zum Ausdruck bringt und hilft, das bereits vorhandene Können realistisch einzuschätzen. Diese Bogen können für die Abfassung von Leistungsberichten bzw. Beurteilungen (in Halbjahreszeugnissen) besonders hilfreich sein; durch ihren Einsatz kann die Lehrkraft konkret über Stärken und Kompetenzen sowie über vorliegende Schwierigkeiten informieren, ohne sie vergleichend oder pauschalisierend zu beschreiben. Die speziellen Halbjahresbogen dienen nicht nur der Reflexion der individuellen Fähigkeiten und Kenntnisse, sondern darüber hinaus auch dem Nachdenken über erworbene Lern- und Arbeitstechniken.

Lehrereinschätzungsbogen (vgl. S. 9)
Zur Dokumentation der Lernentwicklung hinsichtlich der kommunikativen Fähigkeiten und der Fertigkeiten der Lernenden werden Einschätzungsbogen für die Lehrkraft angeboten. Sie orientieren sich stark an den Unterrichtsaktivitäten und gewährleisten, dass die Kompetenzbereiche (insbesondere Hörverstehen und Sprechen, aber auch Leseverstehen, Schreiben sowie Lern- und Arbeitstechniken) tatsächlich mittel- und langfristig kriteriengesteuert wahrgenommen und eingeordnet werden. Damit schaffen sie die Voraussetzungen dafür, dass die Lehrkraft am Ende eines Schul(halb)jahres (im Zeugnis) genaue diagnostische und prognostische Aussagen zum Lern- und Leistungsverhalten des einzelnen Kindes machen kann.

Auf den folgenden Seiten (S. 6–9) wird zu jedem Ermittlungsbogen ein Muster vorgestellt und der Umgang damit erläutert.

Making the Grade with GINGER schafft durch Kontrollaufgaben, Anleitungen zur Selbsteinschätzung und Hilfen zur gezielten Beobachtung und Einschätzung die Grundlage für differenzierte und differenzierende Feedback-Formen. Damit wird den Lernenden ermöglicht, im ersten Englischunterrichtsjahr den Zusammenhang von individueller Anstrengung und Lernerfolg zu erkennen. Zugleich werden sie dazu angeleitet, sich eigene Ziele zu setzen und sich aus eigener Initiative in möglichst allen Phasen des Unterrichts lernaktiv zu verhalten. Nicht zuletzt ist jeder der hier angebotenen Bogen gleichzeitig auch ein „Reflexionsbogen" für die Lehrkraft, der sie immer wieder zu einem kritischen Hinterfragen der eigenen Unterrichtsleistung auffordert.

Hinweis
Es ist wichtig, Eltern und Kinder mit den in diesem Heft vorgestellten Methoden zur Beobachtung und Bewertung bekannt zu machen. Nutzen Sie z. B. den ersten Elternabend im Schuljahr dazu, Informationen über den Englischunterricht im Allgemeinen und die Leistungsermittlung im Besonderen zu geben.

Beobachtungsbogen

Für wen? Lehrkraft
Was? Aufstellung besonders beobachtungsrelevanter Aktivitäten und dazu passender Indikatoren (Beobachtungsschwerpunkte); Platz für Notizen/Stichpunkte
Wann? Im Unterricht (Notizen ggf. nach dem Unterricht oder zu Hause)
Wie viele? Pro Modul 3 Seiten (fotokopieren für die wiederholte Beobachtung)
Zu beachten:
- Ziel ist die Beobachtung aller Kinder, wobei man sich jeweils nur einige, immer wieder andere Kinder vornimmt.
- Grundsätzlich eignen sich alle Aktivitäten im Unterricht zur Beobachtung, besonders jedoch Gruppen- und Partnerarbeitsphasen (z. B. Spiele – Stichwort GAME in *GINGER 1 Handreichungen für den Unterricht*) sowie handlungsorientierte Phasen, in denen L mit einzelnen S bzw. Kleingruppen spricht (Stichwort TALKING WITH YOUR PUPILS in den *Handreichungen*).
- L trifft Auswahl aus dem Angebot an Aktivitäten und Indikatoren.

Circus Island • Beobachtungen

	AKTIVITÄT	INDIKATOREN	NOTIZEN
HÖRVERSTEHEN	Einem CD-Hörtext Bilder zuordnen → HRU S. 119, Step 1.6 *(Mr Ringley's circus)*	– Sicherheit, mit der die passenden Bilder gefunden werden: selbstständig • Orientierung an anderen S • Nachfragen bei L	12.02.: Timo schnell, eifrig, richtig. – Alex zögert, schaut, ob T. das gleiche Bild legt. – Tina richtig, sucht dch. Blickkontakt Bestätigung. – Oliver beim 2. Bild: „Das habe ich nicht mitgekriegt!"
	TPR-Anweisungen verstehen und umsetzen → HRU S. 138, Step 3.8 *(Spin the bottle)* → HRU S. 138, Step 3.9 *(Ginger's island game)*	– Gesichtsausdruck – andere nonverbale Reaktionen – Unmittelbarkeit des Verstehens: zügiges Umsetzen der Anweisungen • vorheriges Vergewissern bzw. Nachahmen, was andere tun	
SPRECHEN	Das eigene Lieblings-(zirkus)tier nennen und andere S nach ihrem fragen → HRU S. 128, Step 2.9 Variante: Befragung mithilfe selbst (ab)geschriebener Tierkärtchen, die immer wieder getauscht werden	– Anwendung der Redemittel: selbstständig • mithilfe anderer S • nur mit Unterstützung durch L – Verwendung des Plurals – Fähigkeit, die Antwort zu geben: als Ein-Wort-Antwort • im ganzen Satz • (Variante:) entsprechend der Vorgabe auf dem Kärtchen Aussprache: – ggf. lautrichtige Artikulation des stimmhaften Endkonsonanten [z] in *bears/lions/monkeys* und des [ɪz] in *horses*: selbstständig • mit Unterstützung	19.02.: Anna braucht viel Unterstützung bei der Frage. – Jonas, Selma, Frieder haben Probleme mit dem Plural. Endkonson. bei allen noch stimmlos (thematisieren!)
	Ein Lied singen → HRU S. 136, Step 3.5 *(Reach for the sky)*	– Fähigkeit, den Text zu singen: komplett • mehrere Zeilen • eine Zeile allein • in der Gruppe • im Chor Aussprache: – Übernahme von Aussprache/Intonation des CD-Vorbilds: selbstständig • mit Unterstützung – lautrichtige Artikulation des [æ] in *clap, hands, flap* und des [ŋ] in *finger*: selbstständig • mit Unterstützung	26.02.: Jens, Kathi, Laura, Marie singen zus. vor. Text bei allen sicher, außer Laura in 3. Zeile. – Allen macht Vortrag Freude! – Keine weitere Gruppe zum Vorsingen bereit. Im Chor singen fast alle mit u. machen Bewegungen.
	Ein Würfelspiel spielen → HRU S. 138, Step 3.9/ PB S. 16/17 *(Ginger's island game)*	– Fähigkeit, die Anweisungen auf dem Spielplan zu sprechen (auch mit Unterstützung durch das Schriftbild): selbstständig • mithilfe anderer S • nur mit Unterstützung durch L *(weiter auf Seite 17)*	

Kontrollaufgaben

Für wen?	Schüler/innen (Aufgaben); Lehrkraft (Erläuterungen)
Was?	Auswahl von Aufgaben zu verschiedenen Kompetenzen; Hörtexte auf beiliegender CD; Erläuterungen: Vorlesetexte, Druckfassung der Hörtexte und Abdruck der Lösungen
Wann?	Im Unterricht oder zu Hause
Wie viele?	Pro Modul 3 Aufgabenseiten (1 Fotokopie für jede/n S); zu jeder Aufgabenseite 1 Seite mit Erläuterungen
Zu beachten:	• L trifft Auswahl aus dem Aufgabenangebot. • L entscheidet, ob und in welcher Form Feedback gegeben wird. • L spielt Hörtexte von der CD in der Regel (mindestens) zweimal vor: einmal zum Einhören in den Text, ein zweites (oder weiteres) Mal für die Bearbeitung der Aufgaben.

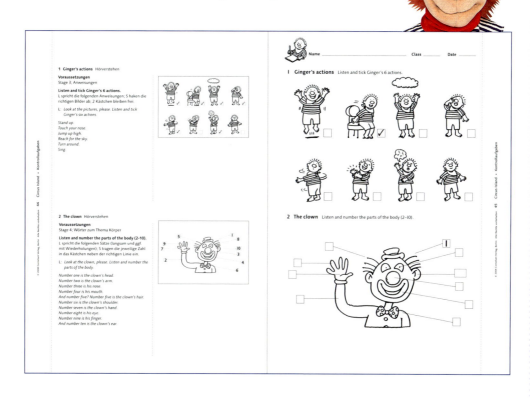

Selbsteinschätzungsbogen

Für wen?	Schüler/innen (Einschätzungen); Lehrkraft (Kommentar)
Was?	Nennung einzelner Fähigkeiten, Fertigkeiten und Lerngegenstände mit verschiedenen Beurteilungsangeboten
Wann?	Im Unterricht oder zu Hause; im Anschluss an jedes Modul sowie am Ende eine Schulhalbjahres
Wie viele?	Pro Modul 1 Bogen (1 Fotokopie pro S)
	Pro Halbjahr 1 bzw. 2 Bogen (1 Fotokopie pro S)
Zu beachten:	• L gibt schriftliches Feedback auf dem Bogen, entweder detailliert oder zusammenfassend, immer aber in aufbauender Weise.
	• S heften die ausgefüllten und kommentierten Bogen in ihrer Englisch-Mappe oder ihrem Portfolio ab.

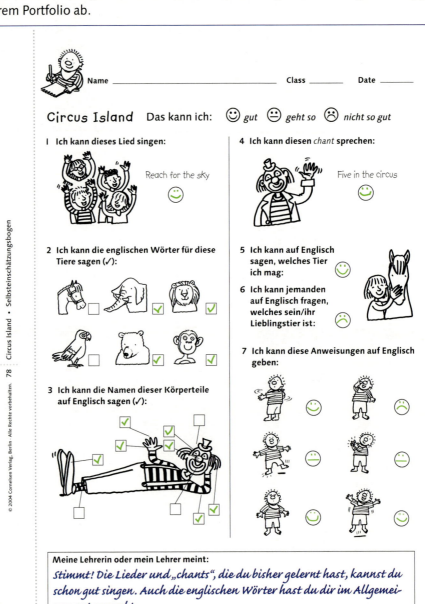

Lehrereinschätzungsbogen

Für wen?	Lehrkraft
Was?	Aufstellung ausformulierter Kompetenzen zu verschiedenen kommunikativen Fähigkeiten und Fertigkeiten; mit Kategorien zur Einschätzung der Lernentwicklung
Wann?	Außerhalb des Unterrichts; im Anschluss an jedes Modul
Wie viele?	Dreiseitiger Bogen (1 Fotokopie pro S) für alle Module
Zu beachten:	• Besonders als Formulierungshilfe für Leistungseinschätzungen in Zeugnissen geeignet.

Name _____ Klasse _____ Schuljahr _____

Einschätzung der Lernentwicklung

Einschätzungskategorien **a** (fast) immer; **b** manchmal; **c** selten

	KOMPETENZEN Das Kind …	Welcome aboard	*Orange* Island	*Robot* Island	*Circus* Island	Island	Island
HÖRVERSTEHEN	… versteht vertraute alltägliche Wörter und einfache Sätze, wenn deutlich und langsam gesprochen wird.	c	b	b	a		
	… versteht vertraute englische Unterrichtssprache, wenn deutlich und langsam gesprochen wird.	b	b	c	b		
	… erfasst den Inhalt von Gehörtem ganzheitlich, wenn geeignete Verständnishilfen zur Verfügung stehen.	b	b	a	b		
	… reagiert bei täglichen Ritualen und in bekannten Situationen handelnd auf Äußerungen von anderen S oder von L.	a	b	b	a		
	… setzt Gehörtes um und zeigt durch nonverbale Reaktionen, dass es den Inhalt verstanden hat.	b	c	c	c		
	… kann zum Unterricht passenden CD-Aufnahmen folgen.	b	b	b	b		
SPRECHEN	… spricht in Bezug auf Lautbildung und Intonation Wörter, Sätze und kleine Texte richtig aus.	c	c	b	b		
	… verständigt sich auf einfache Art (unterstützt durch Gestik, Mimik und Formulierungshilfen).	a	a	b	a		
	… gebraucht selbstständig einfache Wendungen und Sätze.	c	c	c	c		
	… beantwortet einfache Fragen und kann kurze Fragen formulieren.	c	c	c	c		

Welcome aboard · Beobachtungen

	AKTIVITÄT	INDIKATOREN	NOTIZEN
HÖRVERSTEHEN	**Auf Arbeitsanweisungen der L reagieren** → HRU S. 21, Step 1.5 L: *Let's make a circle with our chairs. Please pick up your chairs. Put your chairs here, please.*	– Gesichtsausdruck – andere nonverbale Reaktionen – Unmittelbarkeit des Verstehens: zügiges Umsetzen der Anweisungen • vorheriges Vergewissern bzw. Nachahmen, was andere tun	
	Bilder einem Reim zuordnen → HRU S. 31, Step 2.4/ PB S. 4 *(Ginger's action rhyme)* Variante: Ergänzung des Reims, z. B. *I've got a red, red face. My jeans are too big.*	– Wiedererkennen der Sätze: spontanes Setzen des Spielsteins • Orientierung an anderen S – ggf. spontane Äußerung (auf Deutsch), dass ein Satz nicht dazugehört	
	Nach Aufforderung Fotos von Familienmitgliedern zeigen → HRU S. 36, Step 2.10 L: *Show us/me your sister.*	– Sicherheit beim Erfassen der Wörter: unmittelbare Reaktion (Zeigen der Fotos) • Zögern	
SPRECHEN	**Ein Spiel spielen** → HRU S. 26, Step 1.11 *(How are you?)*	– Fähigkeit, die Sätze zu sprechen: allein • nach Vorflüstern durch L (am Anfang des 3. Schuljahrs normal)	
	Einen Begrüßungsdialog spielen → HRU S. 26, Step 1.12 *(Saying hello)* Variante: Erweiterung durch Übernahme fiktiver Rollen	– Bereitschaft zum Sprechen: spontan • nach Ermutigung durch L – Sicherheit bei der Verwendung der Redemittel: spontan, selbstständig und ggf. in der Lage, anderen zu helfen • orientiert am Vorbild • nach Vorflüstern durch L, Ginger, andere S *(weiter auf Seite 11)*	

Welcome aboard · Beobachtungen

	AKTIVITÄT	INDIKATOREN	NOTIZEN
SPRECHEN		Aussprache: – Imitation der abfallenden Intonation bei der Frage *What's your name?*: selbstständig • mit Unterstützung – lautrichtige Artikulation des [w] in *what's* und des [eɪ] in *name*: selbstständig • mit Unterstützung	
	Einen Reim sprechen → HRU S. 30, Step 2.3 *(Ginger's action rhyme)* ⚠ Grundsätzlich erst nach mehrfachem Anhören und Mitsprechen im Chor in aufeinander folgenden Stunden möglich.	– Fähigkeit, den Text zu sprechen: komplett • mehrere Zeilen • eine Zeile allein • in der Gruppe • im Chor Aussprache: – Übernahme von Intonation und Stimmlage des CD-Vorbilds: selbstständig • mit Unterstützung – lautrichtige Artikulation des [r] in *round, red, freckles* usw.: selbstständig • mit Unterstützung	
LESEN	**Anglizismen lesen** → HRU S. 24, Step 1.8/ AB S. 5 **Namen der Besatzung lesen** → HRU S. 43, Step 3.7/ PB S. 6 **Farbwörter lesen** → HRU S. 47, Step 4.4	– Wiedererkennen von Wortbildern im Sinne des ganzheitlichen Lesens: selbstständig • mit Unterstützung durch andere S • nur mit Unterstützung durch L	
LERN-/ARBEITSTECHNIKEN	**Eine Sammlung von Mini-Bildkarten anlegen und zum Üben nutzen** → HRU S. 32, Step 2.6 → HRU S. 60, Step 5.10 Variante: Erstellung weiterer Karten, z. B. *Numbers; Colours; My family; Parts of the body*	– Umgang mit der Kartensammlung – Einbringen von *personal words* und ggf. Auffinden in einem Wörterbuch – Äußerung des Wunsches nach Einbezug des Schriftbildes als Lernhilfe	
	Mit Lernhilfen umgehen	– Nutzen von Bewegungen, Bildern, Reimwörtern, Anfangsbuchstaben usw. als Gedächtnisstütze	

Welcome aboard · Beobachtungen

	AKTIVITÄT	INDIKATOREN	NOTIZEN
LANGUAGE AWARENESS	**Wörter aus dem Alltagsbereich als Englisch erkennen** z. B. AB S. 3 und 5 (vgl. HRU S. 24, Hinw. 10)	– S versprachlichen ggf. Erkenntnisse wie: „Wir benutzen oft englische Wörter, sprechen sie aber anders aus."	
	Unterschiede in der Schreibung von deutschen und englischen Wörtern erkennen z. B. AB S. 5 und 6 (vgl. HRU S. 24, Hinw. 10)	– S versprachlichen ggf. Erkenntnisse wie: „Die Nomen werden klein geschrieben." • „Man schreibt ‚sh' statt ‚sch' bei *English/T-shirt/...*"	
	Erfahren, dass die englische Sprache anders klingt als die deutsche z. B. HRU S. 34, Step 2.8 (vgl. HRU S. 34, Hinw. 24; HRU S. 47, Hinw. 45)	– S nennen, was sie auffällig, merkwürdig, komisch finden, z. B. „Lispellaut" in *mother/father/...*	
	Ähnlichkeiten zwischen der deutschen und der englischen Sprache erkennen z. B. HRU S. 30, Step 2.3; HRU S. 45–48, Steps 4.1–4.5 (vgl. HRU S. 47, Hinw. 45)	– S nennen Ähnlichkeiten im Klang- und/oder Schriftbild und nutzen sie *ggf.* als Verständnishilfe, z. B.: *long*/lang • *nose*/Nase • *green*/grün • *blue*/blau	

Orange Island • Beobachtungen

	AKTIVITÄT	INDIKATOREN	NOTIZEN
HÖRVERSTEHEN	**Einen CD-Hörtext verstehen** → HRU S. 75, Step 1.5 *(Breakfast on board)*	– Sicherheit, mit der die passenden Bilder gefunden werden: selbstständig • Orientierung an anderen S • Nachfragen bei L	
	Eine TPR-Geschichte verstehen und die Bewegungen mitmachen → HRU S. 89, Step 3.1 *(Let's go to Papa Pablo's Pizza)*	– Gesichtsausdruck – andere nonverbale Reaktionen – Unmittelbarkeit des Verstehens: zügiges Umsetzen der Anweisungen • vorheriges Vergewissern bzw. Nachahmen, was andere tun	
SPRECHEN	**Eine Frühstücksszene spielen** → HRU S. 76, Step 1.6 *(Breakfast on board)* Varianten: Veränderte Reihenfolge der fehlenden Lebensmittel; Ergänzung weiterer Lebensmittel	– Bereitschaft zum Sprechen: spontan • nach Ermutigung durch L – Sicherheit bei der Verwendung der Redemittel: spontan, selbstständig und ggf. in der Lage, anderen zu helfen • orientiert am Vorbild • nach Vorflüstern durch L, Ginger, andere S **Aussprache:** – lautrichtige Artikulation des [əʊ] in *no* und des [r] in *hungry, sorry*: selbstständig • mit Unterstützung	
	Einen *chant* sprechen → HRU S. 78, Step 1.7 *(On Monday no cornflakes)*	– Fähigkeit, den Text zu sprechen: komplett • mehrere Zeilen • eine Zeile allein • in der Gruppe • im Chor **Aussprache:** – Übernahme von Intonation und Stimmlage des CD-Vorbilds: selbstständig • mit Unterstützung – lautrichtige Artikulation der/des stimmhaften Endkonsonanten in *eggs* [gz], *bed* und *bread* [d]: selbstständig • mit Unterstützung	

Orange Island • Beobachtungen

	AKTIVITÄT	INDIKATOREN	NOTIZEN
SPRECHEN	**An einer Befragung zum Thema Lieblingseissorte teilnehmen** → HRU S. 101, Step 4.4/ AB S. 19	– Fähigkeit, die Frage zu stellen bzw. zu beantworten: selbstständig • mithilfe anderer S • nur mit Unterstützung durch L **Aussprache:** – Imitation der abfallenden Intonation bei der Frage *What's your favourite ice-cream?*: selbstständig • mit Unterstützung – lautrichtige Artikulation des [w] in *what's* und des [eɪ] in *favourite*: selbstständig • mit Unterstützung	
LESEN	**Lebensmittelwörter lesen** → HRU S. 109, Step 6.1/ AB S. 21 → HRU S. 111, Step 6.3/ AB S. 22	– Wiedererkennen von Wortbildern im Sinne des ganzheitlichen Lesens: selbstständig • mit Unterstützung durch andere S • nur mit Unterstützung durch L	
SCHREIBEN	**Eine Einkaufsliste schreiben** → HRU S. 78, Step 1.8/ AB S. 16 Variante: Eine eigene Liste anlegen	– Erstellen einer Liste mithilfe von vorgegebenen Wörtern: selbstständig • mit Unterstützung durch andere S • nur mit Unterstützung durch L	
SCHREIBEN	**Ein Kreuzworträtsel lösen** → HRU S. 111, Step 6.3/ AB S. 22 Variante: Ein eigenes Kreuzworträtsel herstellen	– Zuordnen von Wörtern und Bildern und Übertragen der Wörter von der Vorlage in das Rätsel: selbstständig • mit Unterstützung durch andere S • nur mit Unterstützung durch L	
LERN-/ARBEITSTECHNIKEN	**Die Wortschatztruhe (*treasure chest*) mit Mini-Bildkarten erweitern und zum Üben nutzen** z. B. HRU S. 74, Step 1.4; S. 84, Step 2.4; S. 93, Step 3.5	– Umgang mit der Kartensammlung – Einbringen von *personal words* und ggf. Auffinden in einem Wörterbuch – Äußerung des Wunsches nach Einbezug des Schriftbildes als Lernhilfe	

Orange Island • Beobachtungen

	AKTIVITÄT	INDIKATOREN	NOTIZEN
LERN-/ARBEITSTECHNIKEN	Mit Lernhilfen umgehen	– Nutzen der Mini-Bildkarten in Spielen (z. B. im *pizza game*) zur Festigung des Wortschatzes – Nutzen von Bewegungen, Bildern, Reimwörtern, Anfangsbuchstaben usw. als Gedächtnisstütze	
LANGUAGE AWARENESS	Wörter aus dem Alltagsbereich als Englisch erkennen z. B. AB S. 15, AB S. 21, PB S. 10/11, PB S. 13/14 (vgl. HRU S. 72, Hinw. 4, und S. 105, Hinw. 41)	– S nennen ggf. Identifizierungsmerkmale wie: andere Schreibweise/unbekannte Buchstabenfolge • andere Aussprache	
	Erste Zusammenhänge zwischen Schreibung und Aussprache erkennen z. B. AB S. 20–22 (vgl. HRU S. 91, Hinw. 24, und S. 105, Hinw. 41)	– S versprachlichen ggf. Erkenntnisse wie: „Vokale werden oft anders ausgesprochen als in der deutschen Sprache." • „‚ch' spricht man [tʃ] bei *cheese/chocolate/…*" • „‚sh' spricht man [ʃ] bei *milkshake/mushroom/…*"	
	Typische Laute identifizieren z. B. in *Thursday* (vgl. HRU S. 71, Hinw. 1)	– S versprachlichen ggf. Erkenntnisse wie: „Am Anfang des Wortes muss man lispeln."	
	Erfahren, dass manche Begriffe aus dritten Sprachen im Englischen wie im Deutschen verwendet werden z. B. HRU S. 110, Step 6.2 (vgl. HRU S. 89, Hinw. 22)	– S nennen Unterschiede zwischen englischer und deutscher Aussprache von Wörtern aus dritten Sprachen wie: Länge des [iː]-Lautes im Wort *pizza* • Trennung der Anfangskonsonanten [s] und [p] im Wort *spaghetti*	

Circus Island • Beobachtungen

	AKTIVITÄT	INDIKATOREN	NOTIZEN
HÖRVERSTEHEN	**Einem CD-Hörtext Bilder zuordnen** → HRU S. 119, Step 1.6 *(Mr Ringley's circus)*	– Sicherheit, mit der die passenden Bilder gefunden werden: selbstständig • Orientierung an anderen S • Nachfragen bei L	
	TPR-Anweisungen verstehen und umsetzen → HRU S. 138, Step 3.8 *(Spin the bottle)* → HRU S. 138, Step 3.9 *(Ginger's island game)*	– Gesichtsausdruck – andere nonverbale Reaktionen – Unmittelbarkeit des Verstehens: zügiges Umsetzen der Anweisungen • vorheriges Vergewissern bzw. Nachahmen, was andere tun	
SPRECHEN	**Das eigene Lieblings-(zirkus)tier nennen und andere S nach ihrem fragen** → HRU S. 128, Step 2.9 Variante: Befragung mithilfe selbst (ab)geschriebener Tierkärtchen, die immer wieder getauscht werden	– Anwendung der Redemittel: selbstständig • mithilfe anderer S • nur mit Unterstützung durch L – Verwendung des Plurals – Fähigkeit, die Antwort zu geben: als Ein-Wort-Antwort • im ganzen Satz • (Variante:) entsprechend der Vorgabe auf dem Kärtchen **Aussprache:** – ggf. lautrichtige Artikulation des stimmhaften Endkonsonanten [z] in *bears/lions/monkeys* und des [ɪz] in *horses*: selbstständig • mit Unterstützung	
	Ein Lied singen → HRU S. 136, Step 3.5 *(Reach for the sky)*	– Fähigkeit, den Text zu singen: komplett • mehrere Zeilen • eine Zeile allein • in der Gruppe • im Chor **Aussprache:** – Übernahme von Aussprache/Intonation des CD-Vorbilds: selbstständig • mit Unterstützung – lautrichtige Artikulation des [æ] in *clap, hands, flap* und des [ŋg] in *finger*: selbstständig • mit Unterstützung	
	Ein Würfelspiel spielen → HRU S. 138, Step 3.9/ PB S. 16/17 *(Ginger's island game)*	– Fähigkeit, die Anweisungen auf dem Spielplan zu sprechen (auch mit Unterstützung durch das Schriftbild): selbstständig • mithilfe anderer S • nur mit Unterstützung durch L *(weiter auf Seite 17)*	

Circus Island • Beobachtungen

	AKTIVITÄT	INDIKATOREN	NOTIZEN
SPRECHEN		– Fähigkeit, die Bewegungsanweisungen zu sprechen: selbstständig • mithilfe anderer S • nur mit Unterstützung durch L – Bereitschaft, für das Spiel relevante englische Redewendungen (z. B. *It's your turn.*) zu benutzen: spontan • nach Ermutigung durch L – ggf. Sicherheit bei der Verwendung für das Spiel relevanter englischer Redewendungen: spontan • zusammen mit anderen S • nach Ermutigung durch L **Aussprache:** – lautrichtige Artikulation des [eɪ] in *take*, *space* und des [d] in *card*, *forward*: selbstständig • mit Unterstützung	
LESEN	**Anweisungen auf einem Spielplan lesen** → HRU S. 138, Step 3.9/ PB S. 16/17 (*Ginger's island game*)	– Wiedererkennen von Spielanweisungen im Sinne des ganzheitlichen Lesens: selbstständig • mit Unterstützung durch andere S • nur mit Unterstützung durch L	
SCHREIBEN	**Sätze nach Vorlage vervollständigen** → HRU S. 130, Step 2.10/ AB S. 28 → HRU S. 143, Step 4.5/ AB S. 29	– korrektes Schreiben der Wörter nach Vorlage: selbstständig • mit Unterstützung durch andere S • nur mit Unterstützung durch L	
	Ein Zirkusprogramm schreiben → HRU S. 155, Step 6.3	– Erstellen eines Zirkusprogramms in Gruppen bzw. im Plenum mithilfe vorgegebener Wörter: spontanes Schreiben • zusammen mit anderen S • nur mit Unterstützung durch L	
L/A-TECHNIKEN	**Die Wortschatztruhe** (*treasure chest*) **mit Mini-Bildkarten erweitern und zum Üben nutzen** z. B. HRU S. 127, Step 2.7; HRU S. 137, Step 3.7; HRU S. 145, Step 5.1	– Umgang mit der Kartensammlung – Einbringen von *personal words* und ggf. Auffinden in einem Wörterbuch – Nutzen des Schriftbildes als Lernhilfe	

Circus Island • Beobachtungen

	AKTIVITÄT	INDIKATOREN	NOTIZEN
L/A-TECHNIKEN	**Mit Mini-Bildkarten üben** z. B. HRU S. 127, Step 2.7; HRU S. 138, Step 3.9/PB S. 16/17; HRU S. 154, Step 6.2	– Nutzen der Mini-Bildkarten in Spielen (z. B. *Ginger's island game*) zur Festigung des Wortschatzes	
LANGUAGE AWARENESS	**Ähnlichkeiten zwischen der deutschen und der englischen Sprache erkennen** z. B. HRU S. 123, Step 2.1; HRU S. 141 und 142, Step 4.2 und 4.3	– S nennen Ähnlichkeiten im Klang- und/oder Schriftbild und nutzen sie ggf. als Verständnishilfe, z. B.: *bear* – Bär • *shoulder* – Schulter – S nennen ggf. Ähnlichkeiten mit anderen ihnen bekannten Sprachen, z. B.: *elephant* – *elefantas* (gr.) • *lion* – *león* (span.) • *nose* – *nos* (poln.)	
	Erste Zusammenhänge zwischen Schreibung und Aussprache erkennen z. B. PB S. 16/17 (vgl. HRU S. 126, Hinw. 18)	– S versprachlichen ggf. Erkenntnisse wie: „Ein ‚d' am Wortende klingt im Englischen wirklich [d] und nicht [t] wie im Deutschen: *card/island*." • „Manche Buchstaben werden gar nicht gesprochen, z. B. das ‚s' in *island* und das ‚r' in *bear/horse*."	
	Formen und Aussprache des (un)bestimmten Artikels entdecken z. B. HRU S. 116, Step 1.4 (vgl. HRU S. 117, Hinw. 5)	– S formulieren mit ihren Worten die Abhängigkeit vom nachfolgenden Wortanfang, z. B.: *a horse* – *an elephant* • [ðə] *horse* – [ði] *elephant*	
	Regelmäßige (-s) und unregelmäßige (*feet*) Pluralbildung erkennen z. B. AB S. 28 und 29 (vgl. HRU S. 130, Hinw. 23, und S. 144, Hinw. 36)	– S formulieren mit ihren Worten, wie der Plural im Englischen gebildet wird und vergleichen mit dem Deutschen und ggf. mit ihrer Mutter-/Herkunftssprache.	

Rainbow Island • Beobachtungen

	AKTIVITÄT	INDIKATOREN	NOTIZEN
HÖRVERSTEHEN	**Spielregeln verstehen und umsetzen** → HRU S. 186, Step 4.4 *(Bingo)*	– Sicherheit, mit der die Spielregeln erfasst und die aufgerufenen Bilder gefunden werden: selbstständig • Orientierung an anderen S • Nachfragen bei L	
	Einem CD-Hörtext Bilder zuordnen → HRU S. 196, Step 6.3/ PB S. 26 *(Ginger's photos)*	– Gesichtsausdruck – andere nonverbale Reaktionen – Unmittelbarkeit des Verstehens: zügiges Umsetzen der Anweisungen • vorheriges Vergewissern bzw. Nachahmen, was andere tun	
SPRECHEN	**Einen Reim sprechen** → HRU S. 179, Step 3.3 und S. 180, Step 3.4 *(I like mud)*	– Fähigkeit, den Text zu sprechen: komplett • mehrere Zeilen • eine Zeile allein • in der Gruppe • im Chor **Aussprache:** – Übernahme von Aussprache/Intonation/Rhythmus des CD-Vorbilds: selbstständig • mit Unterstützung – lautrichtige Artikulation des stimmhaften Endkonsonanten [z] in *toes* und *clothes* (vgl. dazu HRU S. 180, Hinw. 27): selbstständig • mit Unterstützung	
	Ein Spiel spielen → HRU S. 186, Step 4.4 *(Bingo)* Variante: Nach ausreichender Übung Durchführung in Kleingruppen (mit besonderem Augenmerk auf den Spielleiter)	– Verwendung des Sprachmusters und der richtigen Nomen: selbstständig • mithilfe anderer S • nur mit Unterstützung durch L – Bereitschaft, für das Spiel relevante englische Redewendungen (z. B. *It's your turn.*) zu benutzen: spontan • nach Ermutigung durch L – ggf. Sicherheit bei der Verwendung für das Spiel relevanter englischer Redewendungen: spontan • zusammen mit anderen S • nach Ermutigung durch L **Aussprache:** – lautrichtige Artikulation des [əʊ] in *bingo*: selbstständig • mit Unterstützung	

Rainbow Island • Beobachtungen

	AKTIVITÄT	INDIKATOREN	NOTIZEN
SPRECHEN	**Wortketten bilden** → HRU S. 194, Step 6.1 *(I like the ... and the ...)*	– Verwendung des Sprachmusters und der richtigen Nomen: selbstständig • mithilfe anderer S • nur mit Unterstützung durch L **Aussprache:** – lautrichtige Artikulation des [ð] in *the*: selbstständig • mit Unterstützung	
LESEN	**Wörter auf einem Puzzleplan lesen** → HRU S. 192, Step 5.3/ AB S. 37 *(An island puzzle)*	– Wiedererkennen von Wörtern aus dem Bereich Natur im Sinne des ganzheitlichen Lesens: selbstständig • mithilfe anderer S • nur mit Unterstützung durch L	
SCHREIBEN	**Wetterbeobachtungen aufschreiben** → HRU S. 166, Step 1.8/ AB S. 33 *(Captain Storm's weather book)* **Sätze nach Vorlage vervollständigen** → HRU S. 181, Step 3.5/ KV 5/PB S. 24 *(I like mud)*	– korrektes Schreiben der Wörter nach Vorlage: selbstständig • mit Unterstützung durch andere S • nur mit Unterstützung durch L	
LERN-/ARBEITSTECHNIKEN	**Die Wortschatztruhe** *(treasure chest)* **mit Mini-Bildkarten erweitern und zum Üben nutzen** z. B. HRU S. 164, Step 1.5; HRU S. 186, Step 4.3	– Umgang mit der Kartensammlung – Einbringen von *personal words* und ggf. Auffinden in einem Wörterbuch – Nutzen des Schriftbildes als Lernhilfe – Nutzen der Mini-Bildkarten in Spielen (z. B. in Memory- und Bingospielen) zur Festigung des Wortschatzes	

Rainbow Island • Beobachtungen

	AKTIVITÄT	INDIKATOREN	NOTIZEN
LANGUAGE AWARENESS	**Die Großschreibung der Wochentage erkennen** z. B. AB S. 33	– S formulieren mit ihren Worten die Erkenntnis, dass man Wochentage im Englischen (wie Namen) groß schreibt, und vergleichen ggf. mit ihrer Mutter-/Herkunftssprache.	
	Ähnlichkeiten/Unterschiede zwischen der deutschen und der englischen Sprache erkennen z. B. AB S. 33; HRU S. 177, Step 3.1	– S nennen Ähnlichkeiten bzw. Unterschiede im Klang- und/oder Schriftbild und nutzen sie ggf. als Erinnerungshilfe, z. B.: *Monday* – Montag • *Friday* – Freitag • alle Tage enden mit *-day* • *snake* heißt nicht Schnecke	
	Wortbausteine der englischen Sprache identifizieren z. B. AB S. 33	– S versprachlichen ggf. Erkenntnisse wie: „Viele Wetterwörter *(rainy, sunny, windy, cloudy)* enden auf -y."	
	Erste Zusammenhänge und Unterschiede zwischen Schreibung und Aussprache erkennen z. B. AB S. 33; AB S. 37; KV 5 (vgl. HRU S. 181, Hinw. 29)	– S versprachlichen ggf. Erkenntnisse wie: „Das ‚w' am Anfang der Wörter klingt ganz anders als im Deutschen: *Wednesday, weather, windy, warm.*" • „Manche Buchstaben werden gar nicht gesprochen, z. B. das ‚e' in *like, clothes, toes.*"	

Robot Island • Beobachtungen

	AKTIVITÄT	INDIKATOREN	NOTIZEN
HÖRVERSTEHEN	**Auf TPR-Anweisungen von L bzw. S richtig reagieren** → HRU S. 218, Step 3.5 *(Be a robot)*	– Unmittelbarkeit des Verstehens: zügiges Umsetzen der Anweisungen • vorheriges Vergewissern bzw. Nachahmen, was andere tun • Nachfragen	
	Einem CD-Hörtext Informationen entnehmen → HRU S. 221, Step 3.9 *(Where's Professor Bit?)* → HRU S. 222, Step 3.10/ AB S. 45 *(Going to Professor Bit's house)*	– Fähigkeit, die richtige Antwort auf die Höraufgabe zu geben (ggf. auch auf Deutsch): spontan • zögernd – Fähigkeit, die Wegbeschreibung auf einem Bild nachzuvollziehen: selbstständig • mithilfe anderer S • nur mit Unterstützung durch L	
SPRECHEN	**Ein Kartenspiel spielen** → HRU S. 212, Step 2.6 *(Four in hand)*	– Fähigkeit, die Fragen und Antworten zu sprechen: selbstständig • mithilfe anderer S • nur mit Unterstützung durch L – Verfügbarkeit des Wortschatzes: vollständig • teilweise • nur geringfügig – Sicherheit bei der Verwendung für das Spiel relevanter englischer Redewendungen (z. B. *Here you are.*): spontan • zusammen mit anderen S • nach Ermutigung durch L **Aussprache:** – lautrichtige Artikulation des [æ] und des stimmhaften Endkonsonanten [v] in *have*: selbstständig • mit Unterstützung	

Robot Island • Beobachtungen

	AKTIVITÄT	INDIKATOREN	NOTIZEN
SPRECHEN	**Einen gehörten Text spielen** → HRU S. 225, Step 4.2 *(Come in, please)*	– Fähigkeit, den Text zu sprechen: komplett • mehrere Zeilen • eine Zeile allein • in der Gruppe • im Chor **Aussprache:** – Übernahme von Aussprache/Intonation des CD-Vorbilds, z. B. abfallende Intonation bei der Frage *Can I speak to Professor Bit, please?*: selbstständig • mit Unterstützung – lautrichtige Artikulation des [θ] in *thank you*: selbstständig • mit Unterstützung	
LESEN	**Anglizismen lesen** → HRU S. 213, Step 2.7/ PB S. 28 und Step 2.8 **Wörter zum Thema Haus lesen** → HRU S. 228, Step 4.6 **Textteile für eine E-Mail lesen** → HRU S. 243, Step 6.6/ AB S. 49	– Wiedererkennen von englischen Alltagswörtern/Wörtern aus der eigenen Umgebung sowie gelernten Wörtern im Sinne des ganzheitlichen Lesens: selbstständig • mit Unterstützung durch andere S • nur mit Unterstützung durch L	
SCHREIBEN	**Eine Liste gezählter Fahrzeuge nach Vorlage erstellen** → HRU S. 211, Step 2.5/ AB S. 42 **Geschäftsnamen aus der Umgebung aufschreiben** → HRU S. 213, Step 2.8/ AB S. 43	– Bereitschaft und Fähigkeit, die Wörter korrekt zu schreiben: selbstständig • mit Unterstützung durch andere S • nur mit Unterstützung durch L	
SCHREIBEN	**Eine E-Mail schreiben** → HRU S. 243, Step 6.6/ AB S. 49	– Erstellen eines Textes mithilfe von vorgegebenen Wörtern und Textteilen: selbstständig • zusammen mit anderen S • nur mit Unterstützung durch L – Äußerung des Wunsches, am Computer eine (erweiterte) E-Mail zu schreiben	

Robot Island • Beobachtungen

	AKTIVITÄT	INDIKATOREN	NOTIZEN
LERN- UND ARBEITSTECHNIKEN	**Gemäß Arbeitsauftrag Wörter sammeln und Arbeitsergebnisse auf einem Plakat präsentieren** → HRU S. 213, Step 2.8	– Fähigkeit, über den Unterricht hinaus englische Wörter/Redewendungen aufzuspüren und zu sammeln – Fähigkeit, Gesammeltes gemeinsam mit anderen S zu nutzen und für eine Präsentation zu gestalten: initiativ • unter Anleitung von anderen S oder von L	
	Die Wortschatztruhe *(treasure chest)* **mit Mini-Bildkarten erweitern und zum Üben nutzen** z. B. HRU S. 210, Step 2.3; HRU S. 226, Step 4.4; HRU S. 237, Step 5.5	– Umgang mit der Kartensammlung – Einbringen von *personal words* und ggf. Auffinden in einem Wörterbuch – Nutzen des Schriftbildes als Lernhilfe	
	Mit Mini-Bildkarten üben z. B. HRU S. 212, Step 2.6; HRU S. 237, Step 5.5	– Nutzen der Mini-Bildkarten in Spielen (vgl. auch HRU S. 308) zur Festigung des Wortschatzes: zielorientiert und aus eigenem Antrieb • nach Aufforderung durch L	
LANGUAGE AWARENESS	**Die regelmäßige Pluralbildung mit -s und -es** z. B. AB S. 42 (vgl. HRU S. 211, Hinw. 16)	– S formulieren mit ihren Worten, wie der Plural im Englischen gebildet wird und vergleichen mit dem Deutschen und ggf. mit ihrer Mutter-/Herkunftssprache.	
	Wörter aus dem Alltagsbereich als Englisch erkennen z. B. AB S. 41, AB S. 43 (vgl. HRU S. 203, Hinw. 3 und S. 213, Hinw. 19)	– S nennen ggf. Identifizierungsmerkmale wie: andere Schreibweise/unbekannte Buchstabenfolge (z. B. *shop*: „sh" statt „sch", nur ein „p") • andere Aussprache (z. B. bei *computer*)	

Fantasy Island • Beobachtungen

	AKTIVITÄT	INDIKATOREN	NOTIZEN
HÖRVERSTEHEN	**Auf TPR-Anweisungen von L bzw. S richtig reagieren** → HRU S. 264, Step 3.5 *(Washing clothes)*	– Unmittelbarkeit des Verstehens: zügiges Umsetzen der Anweisungen • zögerndes Reagieren • Nachfragen	
	Einem CD-Hörtext Szenenbilder zuordnen → HRU S. 282, Step 5.6/ PB S. 35 *(Is this your shoe?)*	– Fähigkeit, den Text mithilfe der Bilder zu verstehen und die richtigen Nummern zu finden: spontan und selbstständig • nach mehrmaligem Hören • mithilfe anderer S • nur mit Unterstützung durch L	
SPRECHEN	**Ein Lied singen** → HRU S. 260, Step 3.2 *(Who's afraid of the big bad wolf?)*	– Fähigkeit, den Text zu singen bzw. zu sprechen: komplett • teilweise allein • in der Gruppe • im Chor **Aussprache:** – lautrichtige Artikulation der stimmhaften Endkonsonanten [z] in *who's*, [d] in *afraid* und *bad*, [g] in *big*, [v] in *of*: selbstständig • mit Unterstützung	
	Eine Einladungsszene spielen → HRU S. 261, Step 3.3/ KV 7 *(An invitation for Little Red Riding Hood)* → HRU S. 268, Step 3.11 *(An invitation for Snow White)*; vgl. Hinw. 23	– Fähigkeit, eine Rolle zu sprechen: selbstständig • mit Unterstützung durch andere S • nur mit Unterstützung durch L **Aussprache:** – Übernahme von Aussprache/Intonation des CD-Vorbilds: selbstständig • mit Unterstützung – lautrichtige Artikulation des [tʃ] in *Charming* und des [r] in *Red Riding*, *from*, *Prince* und *great*: selbstständig • mit Unterstützung	

Fantasy Island · Beobachtungen

	AKTIVITÄT	INDIKATOREN	NOTIZEN
LESEN	**Wörter zum Thema Märchen/Kleidungsstücke lesen** → HRU S. 250, Step 1.5 → HRU S. 265, Step 3.7/ AB S. 55 **Eine Einladung lesen** → HRU S. 255, Step 2.3/ PB S. 32 **Einen Reim lesen** → HRU S. 265, Step 3.8/ PB S. 33	– Wiedererkennen von gelernten Wörtern, kurzen Sätzen und einem Reim im Sinne des ganzheitlichen Lesens: selbstständig • mit Unterstützung durch andere S • nur mit Unterstützung durch L	
SCHREIBEN	**Eine Einladung schreiben** → HRU S. 256, Step 2.4/ AB S. 53	– Fähigkeit, Textteile nach Vorlage an der richtigen Stelle einzusetzen und korrekt zu schreiben: selbstständig • mit Unterstützung durch andere S • nur mit Unterstützung durch L	
	Ein Kreuzworträtsel lösen → HRU S. 267, Step 3.10/ AB S. 55	– Zuordnen von Wörtern und Bildern und Übertragen der Wörter von der Vorlage in das Rätsel: selbstständig • mit Unterstützung durch andere S • nur mit Unterstützung durch L	
LERN-/ARBEITSTECHNIKEN	**Die Wortschatztruhe** *(treasure chest)* **mit Mini-Bildkarten erweitern und zum Üben nutzen** z. B. HRU S. 250, Step 1.5; HRU S. 264, Step 3.6	– Umgang mit der Kartensammlung – Einbringen von *personal words* und ggf. Auffinden in einem Wörterbuch – Nutzen des Schriftbildes als Lern- und Merkhilfe	
	Mit Mini-Bildkarten üben z. B. HRU S. 264, Step 3.6	– Nutzen der Mini-Bildkarten in Spielen (vgl. auch HRU S. 308) zur Festigung des Wortschatzes: zielorientiert und aus eigenem Antrieb • nach Aufforderung durch L	

Fantasy Island • Beobachtungen

	AKTIVITÄT	INDIKATOREN	NOTIZEN
LERN-/ARBEITSTECHNIKEN	**Ein eigenes Buch gestalten** → HRU S. 286, Step 6.2/ AB S. 59, PB S. 36; KV 9 und 10	– Nutzen der zur Verfügung gestellten Hilfen: Variieren/Ergänzen des vorgegebenen Texts • Einbringen eigener Ideen • Verwenden der vorgegebenen Textteile • Beschränkung auf die Bilder	
	Arbeitsergebnisse in Form eines eigenen Buches präsentieren → HRU S. 288, Step 6.3 (vgl. Hinw. 40)	– Fähigkeit, das eigene Buch vorzustellen: selbstständig • mit Unterstützung durch andere S • nur mit Unterstützung durch L	
LANGUAGE AWARENESS	**Eingangs- und Schlussformeln von Märchen sowie Zaubersprüche vergleichen** → HRU S. 248, Step 1.4 → HRU S. 275, Step 4.7 (vgl. Hinw. 31)	– S nennen die deutschen Märcheneingangs- und -schlussformeln sowie deutsche Zaubersprüche und vergleichen sie mit den englischen, ggf. auch mit denen ihrer Mutter-/Herkunftssprache.	
	Wörter aus dem Alltagsbereich als Englisch erkennen z. B. HRU S. 265, Step 3.7; HRU S. 267, Step 3.10; AB S. 55	– S nennen ggf. Identifizierungsmerkmale wie: andere Schreibweise/unbekannte Buchstabenfolge (z. B. bei *shorts* und *shoes*: „sh" statt „sch") • andere Aussprache (z. B. bei *jeans*)	
	Klang- und Schriftbild vergleichen z. B. PB S. 33	– S versprachlichen ggf. Erkenntnisse wie: „*blue* und *you* reimen sich, werden aber anders geschrieben."	
	Erste Unterschiede im grammatischen Gebrauch erkennen z. B. HRU S. 264, Step 3.5 ff; AB S. 54 und 55	– S formulieren ggf. mit ihren Worten, dass sie im Englischen *jeans* und *shorts* – anders als im deutschen Sprachgebrauch – nicht im Singular verwenden dürfen.	

1 Meeting Ginger and saying hello Hörverstehen

→ CD track 2

Voraussetzungen
Stage 1; Sich begrüßen und vorstellen; Fragen wie es jemandem geht und darauf antworten

Listen and draw lines.
L spielt drei Dialoge von der CD vor; S ziehen Linien von den Namen der Kinder, die mit Ginger sprechen, zu Ginger in der Mitte; zwei Kinder bleiben übrig.

L: *Look at the children, please. Three children meet Ginger and say hello to him. Listen to the CD and draw lines from the right children to Ginger.*

Dialog 1
Ginger *Hello.*
Emma *Hello.*
Ginger *What's your name?*
Emma *My name is Emma. What's your name?*
Ginger *My name is Ginger. How are you?*
Emma *I'm fine, thank you.*

Dialog 2
Ginger *Good morning.*
Mark *Good morning.*
Ginger *What's your name?*
Mark *I'm Mark. What's your name?*
Ginger *Ginger. How are you?*
Mark *Not so good.*

Dialog 3
Ginger *Hi.*
Pam *Hi.*
Ginger *What's your name?*
Pam *I'm Pam. And you? What's your name?*
Ginger *I'm Ginger. How are you, Pam?*
Pam *So-so.*

2 Ginger's action rhyme Hörverstehen

→ CD track 3

Voraussetzungen
Stage 2; *Ginger's action rhyme*; Zahlen von 1 bis 6

Listen and number the pictures (2–6).
L spielt sechs in falscher Reihenfolge aufgenommene, nummerierte Sätze aus *Ginger's action rhyme* vor; S wählen die richtigen fünf Zeichnungen aus und tragen die passenden Zahlen ein.

L: *Look at the pictures, please. Listen and number the pictures.*

Number one: *My shirt's too long.*
Number two: *My tummy's big and round.*
Number three: *I often stand and stare.*
Number four: *I've got a round, round face.*
Number five: *I jump right off the ground.*
Number six: *I've got freckles on my nose.*

Name _____ Class _____ Date _____

1 Meeting Ginger and saying hello Listen and draw lines.

2 Ginger's action rhyme Listen and number the pictures (2–6).

3 Family photos Hörverstehen

→ CD track 4

Voraussetzungen
Stage 2; Wörter für Familienmitglieder; Zahlen von 1 bis 4

Listen and draw lines.
L spielt drei kurze Hörtexte zum Thema Familie vor; S verbinden die Porträts durch eine Linie mit den passenden „Familienfotos"; ein Kind bleibt übrig. L kann darauf hinweisen, dass die Kinder, die auf der CD sprechen, selbst nicht auf den „Familienfotos" zu sehen sind.

L: *Look, here are the pictures of four children. And here are three family photos. Listen and draw lines from the children to the right families.*

Mark *I'm Mark. I've got one brother and one sister.*
Pam *I'm Pam. I've got a mother and three sisters.*
Tom *My name is Tom. I've got a father, a mother and two sisters.*

4 Cabin numbers Hörverstehen

Voraussetzungen
Stage 4; Zahlen von 1 bis 8

Listen and draw lines.
L liest sechs Sätze vor, in denen die Kabinennummern von sechs Kindern einer fiktiven Klasse, die auf dem Schiff eingezogen ist, genannt werden; S verbinden die Abbildungen der Kinder durch eine Linie mit der richtigen Kabinentür.

L: *Look at the pictures, please. You can see cabin doors with cabin numbers on them. Which cabin are the children in? Listen and draw lines from the children to the right doors.*

Sabina is in cabin number three.
Max is in cabin number one.
And Kevin? Kevin is in cabin number six.
Selma is in cabin number eight.
Where's Anna? Anna is in cabin number seven.
And Mehmet? Mehmet is in cabin number four.

Name _____   Class _____   Date _____

3 Family photos   Listen and draw lines.

Pam   Tom   Emma   Mark

4 Cabin numbers   Listen and draw lines.

5 In Ginger's cabin Hörverstehen

Voraussetzungen
Stage 5; Wörter für Kleidung, persönliche Gegenstände und Einrichtungsgegenstände kennen

Listen and circle the right things.
L nennt sechs zu suchende Gegenstände;
S umkringeln sie.

L: *Look at the picture of Ginger's cabin, please.
Listen and circle the right things.*

*Circle the jeans, please.
Circle the pullover, please.
Circle the CD, please.
Circle the Discman, please.
Circle the poster, please.
Circle the chair and the T-shirt, please.*

6 Six boats Hörverstehen; Leseverstehen

Voraussetzungen
Stage 6; Schriftbilder der Farbwörter;
Zahlen von 1–6

Listen and colour. Read and draw lines.
L liest vor, welche Farben die einzelnen Boote haben; S malen sie entsprechend bunt.
Anschließend verbinden S die Farbwörter durch Linien mit den richtigen Booten.

L: *Look at the picture, please. Listen and colour the boats.*

*Boat number one is green.
Boat number two is red and yellow.
Boat number three is orange.
Boat number four is yellow and blue.
Boat number five is red.
Boat number six is brown and orange.*

Read the colour words. Draw lines from the words to the right colour.

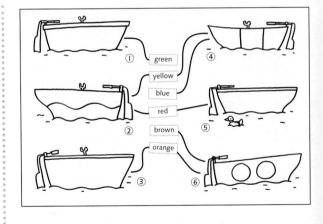

Name _____ Class _____ Date _____

5 In Ginger's cabin Listen and circle the right things.

6 Six boats Listen and colour. Read and draw lines.

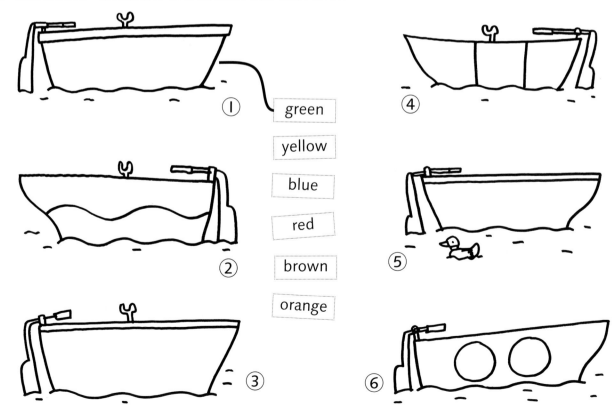

green

yellow

blue

red

brown

orange

7 What's in Debbie's bag? Leseverstehen

Voraussetzungen
Stage 1–6; Schriftbilder der Wörter (vgl. rechts)

Read and circle the right 5 words.
S sehen sich die Abbildung an und ermitteln, welche Gegenstände sich in Debbies Tasche befinden; dann suchen sie die passenden Wörter dazu und umkringeln sie.

L: *Look at the picture. Debbie has got a lot of things in her bag. Read the words around the picture. Circle the right words.*

Option
Wer will, kann auch die Language-Awareness-Aufgabe lösen.

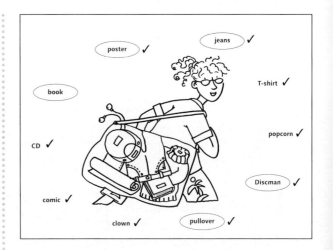

Name _____ Class _____ Date _____

7 What's in Debbie's bag? Read and circle the right 5 words.

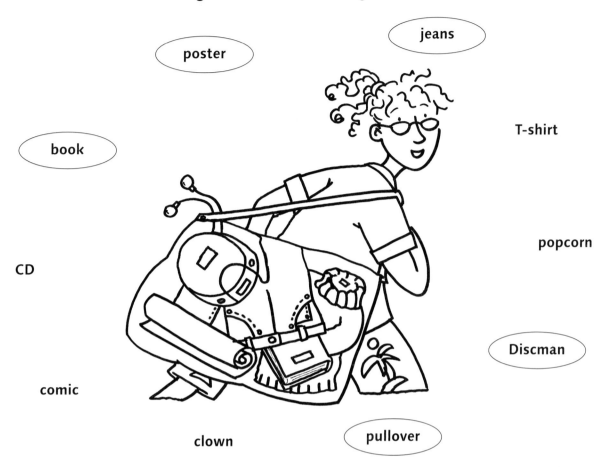

poster

jeans

book

T-shirt

CD

popcorn

Discman

comic

clown   pullover

Viele dieser englischen Wörter benutzen wir auch im Deutschen. Male ein Häkchen (✓) daran.

1 On Monday no cornflakes Hörverstehen

Voraussetzungen
Stage 1; Wochentage und Wörter zum Thema Frühstück

Listen and cross out the right pictures.
L spricht die folgenden Sätze (langsam und ggf. mit Wiederholungen); S streichen zu jedem Wochentag das Bild des fehlenden Frühstückselements durch; am Sonntag *(no breakfast)* müssen alle Bilder durchgestrichen werden.

L: *Look at the pictures, please. Listen and cross out the right pictures.*
On Monday no cornflakes.
On Tuesday no milk.
On Wednesday no orange juice.
On Thursday no eggs.
On Friday no honey.
On Saturday no bread.
On Sunday no breakfast –
Let's go back to bed.

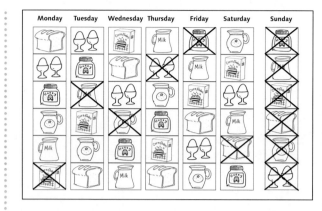

Option
Wer will, kann auch die Language-Awareness-Frage unter der Aufgabe in deutscher Sprache lösen.

Lösungsbeispiel
Ich muss besonders auf die Aussprache am Ende der Wörter achten.

2 What's on the pizzas? Hörverstehen

Voraussetzungen
Stage 3; Wörter für Pizzabeläge

Listen and draw lines.
L spricht die folgenden Sätze; S ziehen Linien von den einzelnen Belägen zu der jeweiligen Pizza.

L: *Look at the pictures, please. What's on the pizzas? Listen and draw lines.*
On pizza number one there are mushrooms. And there's ham and cheese on pizza number one.
On pizza number two there are tomatoes and bananas. And there's cheese on pizza number two.
On pizza number three there are green peppers, onions and tomatoes.

Name _____ Class _____ Date _____

1 On Monday no cornflakes   Listen and cross out the right pictures.

 Was musst du beachten, wenn du die Wörter *und* *sprichst?*

_____

2 What's on the pizzas?   Listen and draw lines.

3 Favourite ice creams Hörverstehen

Voraussetzungen
Stage 4; Aussagen zum Thema Lieblingseis

Listen and tick.
L nennt das Lieblingseis der einzelnen Besatzungsmitglieder; S versehen die entsprechenden Kästchen mit einem Haken.

L: *Look at the pictures, please. Listen and tick.*
Ginger's favourite ice cream is orange ice cream.
Captain Storm's favourite ice cream is chocolate ice cream.
Dr Heal's favourite ice cream is strawberry ice cream.
Ravi's favourite ice cream is lemon ice cream.
Colin's favourite ice cream is chocolate ice cream.
Debbie's favourite ice cream is banana ice cream.

Ginger					✓	
Captain Storm		✓				
Dr Heal				✓		
Ravi Mehta			✓			
Colin Baker		✓				
Debbie Jones						✓

4 Where's Ginger? Hörverstehen

→ CD track 5

Voraussetzungen
Stage 4; Dialoge zum Thema Lebensmittel bestellen

Listen and number.
L spielt vier nummerierte Dialoge von der CD vor; S nummerieren die Bilder.

L: *Look at the pictures, please. Now listen and number the pictures.*

Number 1
Ginger   *Have you got orange ice cream?*
Pepe   *Yes, Ginger.*
Ginger   *Two scoops of orange ice cream, please.*
Pepe   *Here you are, Ginger.*
Ginger   *No – not strawberry ice cream. Orange, please!*

Number 2
Ginger   *Can I have a pizza with mushrooms and ham? No green peppers, please.*
Pablo   *Yes, Ginger. Here you are.*
Ginger   *Oh no, no green peppers!*
Pablo   *Oh, no green peppers. Sorry, Ginger.*

Number 3
Ginger   *Can I have some juice, please?*
Penny   *Here's some lemon juice, Ginger.*
Ginger   *Yuck! It's too sour!*
Penny   *Oh, sorry. Here's some apple juice.*
Ginger   *Mmm – It's good. Thank you, Penny.*

Number 4
Ginger   *Can I have a cheese and tomato sandwich, please?*
Colin   *Hmm. No cheese, no tomatoes. I've got eggs, Ginger.*
Ginger   *No – no eggs!*
Colin   *No eggs? Sorry, Ginger.*

Name _____   Class _____   Date _____

3 Favourite ice creams Listen and tick.

	🍦	🍫	🍋	🍓	⭐	🍌
Ginger						
Captain Storm						
Dr Heal						
Ravi Mehta						
Colin Baker						
Debbie Jones						

4 Where's Ginger? Listen and number.

5 Ginger's fruit basket Leseverstehen

Voraussetzungen
Stage 1–6; Schriftbilder der Wörter zu den Themen Obst, Frühstück und Pizza

Read and draw lines.
S lesen die Wörter und ziehen eine Linie von den „Obstwörtern" zu Gingers Korb.

L: *Look at Ginger and his basket, please. Read the words. Find six words for fruit. Draw lines from the fruit words to Ginger's basket.*

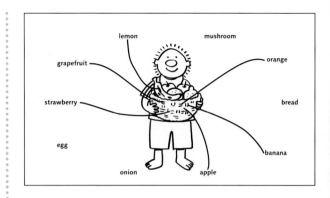

6 Breakfast on board Leseverstehen

Voraussetzungen
Stage 1–6; Schriftbilder der Wörter zu den Themen Frühstück und Obst

Read and draw lines.
S lesen die Gedanken der Besatzungsmitglieder und ziehen eine Linie von der Person zum jeweils passenden Frühstückstisch.

L: *Look at the pictures, please. Read what Captain Storm, Ginger, Dr Heal and Debbie are having for breakfast. Draw lines from the crew to the right breakfast tables.*

Option
Wer will, kann auch die Language-Awareness-Frage unter der Aufgabe lösen.

Lösung
Cornflakes

Name _____ Class _____ Date _____

5 Ginger's fruit basket   Read and draw lines.

lemon mushroom

grapefruit orange

strawberry bread

egg banana

onion apple

6 Breakfast on board   Read and draw lines.

bread
eggs

milk
cornflakes
honey

bread
orange juice
cheese

milk
bread
banana

Ginger isst etwas zum Frühstück, für das wir kein eigenes deutsches Wort haben. Was ist es?

_____

7 Breakfast – Fruit – Pizza Schreiben

Voraussetzungen
Stage 1–6; Schriftbilder der Wörter zu den Themen Frühstück, Obst und Pizza

Write the words.
S sehen sich die Abbildungen an, wählen das entsprechende Schriftbild aus und tragen die Wörter in das Kreuzworträtsel ein.

L: *Look at the pictures. Read the words. Then write the words in the crossword.* (Nach dem Ausfüllen:) *What's the new word in the middle of the crossword?*

8 Debbie's shopping list Schreiben

Voraussetzungen
Stage 1–6; Schriftbilder der Wörter zu den Themen Frühstück, Obst und Pizza

Write Debbie's shopping list.
S sehen sich die fehlenden Lebensmittel in Debbies Denkblase an, suchen die entsprechenden Schriftbilder aus der Liste unten heraus und schreiben Debbies Einkaufsliste.

L: *Here's Debbie. Her fridge is empty. She has to go shopping. Look at the words. Then write her shopping list.*

7 Breakfast – Fruit – Pizza Write the words.

8 Debbie's shopping list Write Debbie's shopping list.

apples   bananas   cheese   cornflakes   eggs   green peppers
ham   honey   lemons   milk   onions   orange juice

1 Ginger's actions Hörverstehen

Voraussetzungen
Stage 3; Anweisungen

Listen and tick Ginger's 6 actions.
L spricht die folgenden Anweisungen; S haken die richtigen Bilder ab; 2 Kästchen bleiben frei.

L: *Look at the pictures, please. Listen and tick Ginger's six actions.*

Stand up.
Touch your nose.
Jump up high.
Reach for the sky.
Turn around.
Sing.

2 The clown Hörverstehen

Voraussetzungen
Stage 4; Wörter zum Thema Körper

Listen and number the parts of the body (2-10).
L spricht die folgenden Sätze (langsam und ggf. mit Wiederholungen); S tragen die jeweilige Zahl in das Kästchen neben der richtigen Linie ein.

L: *Look at the clown, please. Listen and number the parts of the body.*

Number one is the clown's head.
Number two is the clown's arm.
Number three is his nose.
Number four is his mouth.
And number five? Number five is the clown's hair.
Number six is the clown's shoulder.
Number seven is the clown's hand.
Number eight is his eye.
Number nine is his finger.
And number ten is the clown's ear.

Name _____ Class _____ Date _____

1 Ginger's actions Listen and tick Ginger's 6 actions.

2 The clown Listen and number the parts of the body (2–10).

3 The circus Hörverstehen

→ CD track 6

Voraussetzungen
Stage 5; Wörter zum Thema Zirkusakteure

Listen and number the pictures (1–5).
L spielt den Hörtext von der CD vor; S schreiben die passende Zahl in das richtige Kästchen.

L: *Look at the pictures, please. Listen to the CD. Number the pictures.*

*Ladies and gentlemen, welcome to the circus.
In picture number one you can see Tim, the tightrope walker. He's walking on his rope.
Look at picture number two. Janet, the juggler, has got five balls in her hands.
And in picture number three? There's the animal trainer, Nino, with his lions.
Look at picture number four. There's Coco, the clown. He's singing.
I'm in picture number five. I'm the ringmaster.*

4 Favourite animals Hörverstehen

→ CD track 7

Voraussetzungen
Stage 5; Wörter zum Thema Zirkus

Listen and draw lines.
L spielt vier nummerierte Dialoge von der CD vor; S ziehen Linien von den einzelnen Personen zu deren Lieblingstier.

L: *Look at the pictures, please. Listen to the CD. Draw lines from the people to the right animals.*

Number one
Janet   Hello, Ginger.
Ginger Hello, Janet. Janet, what's your favourite animal in the circus?
Janet   I like the monkeys. Monkeys are very funny.

Number two
Nino   Good morning, Ginger.
Ginger Good morning, Nino. Nino, what's your favourite animal?
Nino   I like elephants. Elephants are big.

Number three
Coco   Hi, Ginger.
Ginger Hi, Coco. What's your favourite animal in the circus, Coco?
Coco   I like Robbie, my silly parrot.
Parrot Silly parrot!

Number four
Tim   Five steps forward, five steps back. Oh – hello, Ginger.
Ginger Hello, Tim. Tim, what's your favourite animal?
Tim   My favourite animal? I like bears. Bears can dance.

3 The circus Listen and number the pictures (1–5).

4 Favourite animals Listen and draw lines.

5 The clown's actions Leseverstehen

Voraussetzungen
Stage 3; Schriftbilder kurzer Anweisungen

Read and draw lines.
S lesen die Wörter und ziehen eine Linie von den schriftlichen Aufforderungen zum passenden Bild; zwei Bilder bleiben übrig.

L: *Look at the clown, please. Read the sentences. Draw six lines from the sentences to the right pictures.*

6 How many can you count? Leseverstehen

Voraussetzungen
Stage 4; Schriftbilder der Wörter zum Thema Körper

Read, count and write the numbers.
S zählen die rechts aufgeführten Körperteile, die auf dem Bild zu erkennen sind, und tragen die Anzahl in die Tabelle ein.

L: *Look at the picture, please. How many heads, ears, eyes, noses, legs and feet can you count? Write the numbers in the boxes.*

Option
Wer will, kann auch die Language-Awareness-Frage unter der Aufgabe in deutscher Sprache lösen.

Lösungsbeispiel
Das Wort hat kein „s" am Ende. / Die Mehrzahl ist ganz anders.

Name _____ Class _____ Date _____

5 The clown's actions Read and draw lines.

Wiggle your fingers.
Sit down.
Stamp your feet.
Close your eyes.
Flap your arms.
Clap your hands.

6 How many can you count? Read, count and write the numbers.

heads: _____
ears: _____
eyes: _____
noses: _____
feet: _____

Was fällt dir bei dem Wort **feet** *auf?*
_____

7 I like animals. Schreiben

Voraussetzungen
Stage 2; Schriftbilder der Wörter zum Thema Tiere

Write the words.
S sehen sich die Abbildungen an, wählen das entsprechende Schriftbild aus und tragen die Wörter in die richtigen Sprechblasen ein.

L: *Look at the pictures. Read the words. Then write the words in the speech bubbles.*

8 Ginger's body Schreiben

Voraussetzungen
Stage 4; Schriftbilder der Wörter zum Thema Körper

Write the words.
S sehen sich die Abbildung an, wählen das entsprechende Schriftbild aus und tragen die Wörter in die richtigen Kästchen ein.

L: *Look at Ginger. Read the words. Then write the words in the right boxes.*

Option
Wer will, kann auch die Language-Awareness-Frage unter der Aufgabe in deutscher Sprache lösen.

Lösungsbeispiel
Die Wörter sind klein geschrieben.

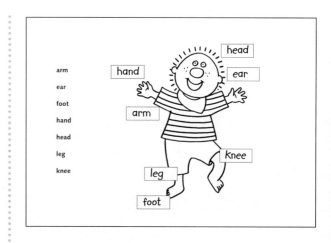

Name _____ Class _____ Date _____

7 I like animals. Write the words.

lions   parrots   horses   monkeys   bears   elephants

8 Ginger's body Write the words.

arm

ear

foot

hand

head

leg

knee

*Woran erkennst du, dass du **hand** und **arm** englisch und nicht deutsch aussprechen musst?*
_____

1 What's the weather like today? Hörverstehen

→ CD track 8

Voraussetzungen
Stage 1; Wörter zum Thema Wetter; Frage nach dem Thema Wetter

Listen and tick the right 3 pictures.
L spielt einen Wetterdialog von der CD vor; S haken die 3 richtigen Bilder ab.

L: *Look at the pictures, please. Listen and tick the right three pictures.*

Tim   *Hello?*
Anna *Hello, Tim. How are you?*
Tim   *Hello, Anna. I'm fine.*
Anna *What's the weather like today?*
Tim   *It's sunny,*
      it's cold,
      and it's very windy.

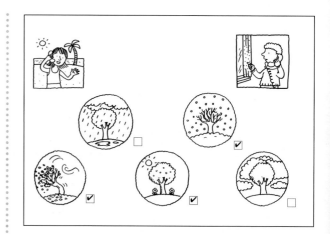

2 Let's walk around the island. Hörverstehen

→ CD track 9

Voraussetzungen
Stage 4; Anweisungen

Listen and number the pictures (2-6).
L spielt den folgenden Text von der CD vor; S tragen die jeweilige Zahl in das Kästchen neben dem richtigen Bild ein.

L: *Look at the pictures, please. Listen and number the right pictures.*

Girl *It's a sunny day.*
Boy *Let's walk around the island.*

Number one
Girl *Let's walk through the grass.*
Number two
Boy *Let's take photos of the butterflies.*
Number three
Girl *Let's climb down the mountain.*
Number four
Boy *Let's walk across the river.*
Number five
Girl *Watch out for crocodiles!*
Number six
Boy *Let's fall into the mud.*

Name _____ Class _____ Date _____

1 What's the weather like today? Listen and tick the right 3 pictures.

2 Let's walk around the island. Listen and number the pictures (2–6).

  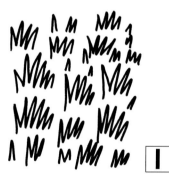 1

 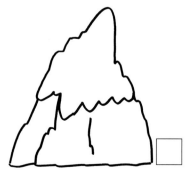 

3 Where are they? Hörverstehen

Voraussetzungen
Stage 6; Wörter zum Thema Natur; Ortsangaben

Listen and draw 5 lines.
L spricht die folgenden Sätze (langsam und ggf. mit Wiederholungen); S verbinden die Tiere bzw. Ginger durch eine Linie mit dem richtigen Ort auf dem Bild.

L: *Look at the picture of Rainbow Island, please. Where are Ginger and the animals? Listen and draw lines.*

The crocodile is in the river.
The bird is on the mountain.
The butterfly is on the flower.
The snake is in the tree.
The chameleon is in the grass.
And Ginger? Ginger is in the mud.

4 Crocodile Island Hörverstehen

Voraussetzungen
Stage 1–6; Wörter zum Thema Natur

Listen and tick 7 pictures.
L spricht die folgenden Sätze; S haken in den Kästchen die Motive ab, von denen im Text die Rede ist; zwei Bilder bleiben übrig.

L: *Let's go to Crocodile Island. Look at the pictures, please. What can you see on Crocodile Island? Listen and tick eight pictures.*

On Crocodile Island you can see a mountain.
You can see birds.
You can see a river.
You can see flowers on Crocodile Island.
You can see a snake.
You can see a rainbow.
And you can see crocodiles on Crocodile Island.

Name _____ Class _____ Date _____

3 Where are they?   Listen and draw 5 lines.

4 Crocodile Island   Listen and tick 7 pictures.

5 What's the weather like on Monday? Leseverstehen

Voraussetzungen
Stage 1; Schriftbilder der Wochentage und der Wörter zum Thema Wetter

Read and draw lines.
S lesen die Wörter und ziehen eine Linie von den täglichen Wettereinträgen zum passenden Bild; ein Bild bleibt übrig.

L: *Look at the pictures and the words, please. What's the weather like on Monday? Read the words. Draw lines from the words to the right pictures.*

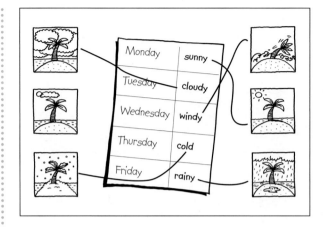

6 A picture of Rainbow Island   Leseverstehen

Voraussetzungen
Stage 4; Schriftbilder der Farbwörter und der Wörter zum Thema Natur

Read and draw.
L liest den Einleitungssatz vor; S lesen die Beschreibungen und setzen sie zeichnerisch in den richtigen Farben um.

L: *Look at Rainbow Island. Read the words. Draw the things in the right colours. "On Rainbow Island you can see …"*

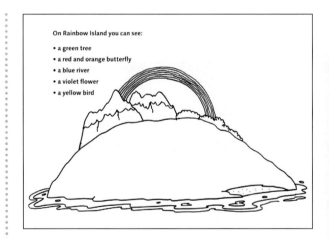

Name _____   Class _____   Date _____

5 What's the weather like on Monday? Read and draw lines.

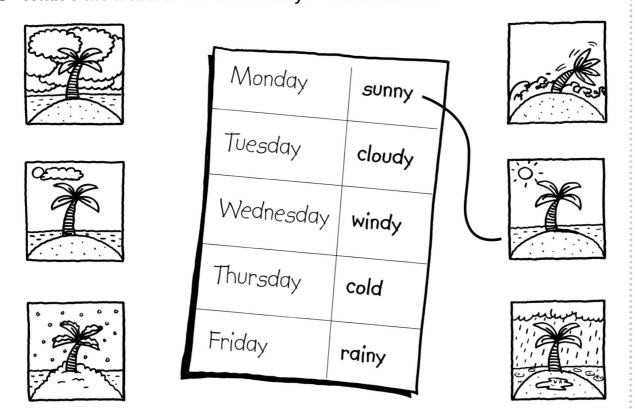

6 A picture of Rainbow Island Read and draw.

On Rainbow Island you can see:

- a green tree
- a red and orange butterfly
- a blue river
- a violet flower
- a yellow bird

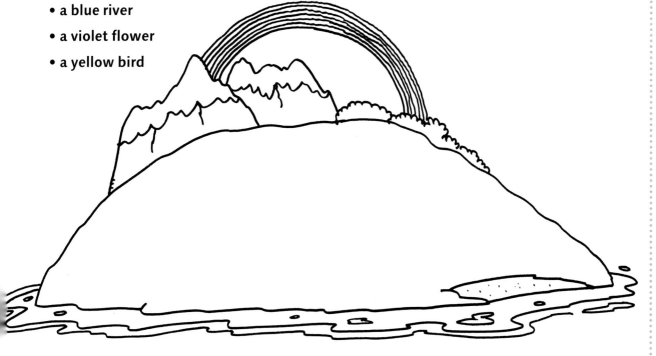

7 What's the weather like? Schreiben

Voraussetzungen
Stage 1; Schriftbilder der Wörter zum Thema Wetter

Write four words in the right boxes.
S sehen sich die Abbildungen an, wählen das entsprechende Schriftbild aus und tragen die Wörter in die richtigen Kästchen ein; zwei Begriffe werden nicht verwendet.

L: *Look at the pictures with Ginger. Read the words. Then write four words in the right boxes.*

Option
Wer will, kann auch die Language-Awareness-Aufgabe lösen.

8 The weather chart Schreiben

Voraussetzungen
Stage 1; Schriftbilder der Wochentage und der Wörter zum Thema Wetter

Write the days of the week in the right boxes.
S lesen den Text, wählen das Schriftbild je eines Wochentages aus und tragen die Wörter unter dem richtigen Wetterbild ein.

L: *Read the weather chart. Write the days of the week in the right boxes.*

Option
Wer will, kann auch die Language-Awareness-Frage unter der Aufgabe in deutscher Sprache lösen.

Lösungsbeispiel
Sie werden groß geschrieben. / Sie hören alle mit -day auf.

Name _____ Class _____ Date _____

7 What's the weather like?   Write four words in the right boxes.

> cloudy • cold • rainy • sunny • warm • windy

 Male einen Kringel um das Wetterwort, das im Englischen und im Deutschen gleich geschrieben, aber anders gesprochen wird.

8 The weather chart   Write the days of the week in the right boxes.

On Monday it's sunny.
On Tuesday it's rainy.
On Wednesday it's cold.
On Thursday it's cloudy.
On Friday it's windy.

 Was fällt dir bei den Wochentagen auf?

_____

1 Where are you going? Hörverstehen

→ CD track 10

Voraussetzungen
Stage 3; Wörter zum Thema Orte in der Stadt

Listen and draw 4 lines.
L spielt vier Dialoge von der CD vor; S ziehen Linien von den einzelnen Personen zu dem Ort, an den die Personen gehen wollen.

L: *Look at the pictures, please. Listen to the CD. Draw lines from the people to the right pictures.*

Dialog 1
Prof. Bit *Where are you going, Dr Heal?*
Dr Heal *To the station.*

Dialog 2
Prof. Bit *Where are you going, Ravi?*
Ravi *To the bus stop.*

Dialog 3
Prof. Bit *And you, Debbie? Where are you going?*
Debbie *To the computer shop.*

Dialog 4
Prof. Bit *Colin, where are you going?*
Colin *To the car park.*

2 Visiting Professor Bit's house Hörverstehen

Voraussetzungen
Stage 4; Wörter zum Thema Haus

Listen and draw lines.
L liest den folgenden Text vor; S ziehen Linien von den einzelnen Personen zu dem Ort, an dem sie sich befinden.

L: *Look at the pictures, please. Listen. Find out where the crew and Professor Bit are. Draw a line from the person to the right picture.*

Colin is in the kitchen.
Dr Heal is in the garden.
Ginger is in the bathroom.
Captain Storm is in the living room.
Professor Bit is in the bedroom.

Name _____ Class _____ Date _____

1 Where are you going? Listen and draw 4 lines.

2 Visiting Professor Bit's house Listen and draw lines.

3 Telephone calls with Professor Bit Hörverstehen

→ CD track 11

Voraussetzungen
Stage 5; Wörter zum Thema (technische) Geräte

Listen and tick.
L spielt vier Dialoge (Telefonate) von der CD vor; S wählen aus drei Gegenständen jeweils den aus, um den es in dem Dialog geht, und haken ihn ab.

L: *Professor Bit can fix a lot of things. Look at the pictures, please. Listen to the CD. Professor Bit is on the telephone. Find out what he can fix. Tick the right pictures.*

Dialog 1
Prof. Bit *Hello.*
Debbie *Hello, Professor Bit. This is Debbie Jones. My CD player is broken. Can you fix it?*
Prof. Bit *Yes, of course, Debbie. I can fix it.*

Dialog 2
Prof. Bit *Hello.*
Capt. Storm *Hello, Professor Bit. This is Captain Storm speaking. My TV is broken.*
Prof. Bit *No problem, Captain. I can fix it.*

Dialog 3
Prof. Bit *Hello.*
Ginger *Hi, this is Ginger. My skateboard is broken. Can you fix it, Professor Bit?*
Prof. Bit *No problem, Ginger. I can fix it.*

Dialog 4
Prof. Bit *Hello.*
Dr Heal *Good morning, Professor Bit. It's Dr Heal. My radio is broken. Can you fix it?*
Prof. Bit *Yes, of course I can, Dr Heal.*

4 Professor Bit's clever robot Hörverstehen

→ CD track 12

Voraussetzungen
Stage 6; Verben

Listen and number the pictures (2–6).
L spielt sechs Sätze von der CD vor; S wählen die richtigen fünf Zeichnungen aus und tragen die passenden Zahlen ein.

L: *Look at the pictures, please. Listen and number the pictures.*

Number one: *The robot can clean the bathroom.*
Number two: *The robot can make the bed.*
Number three: *The robot can read.*
Number four: *The robot can make the toast.*
Number five: *The robot can carry the TV.*
Number six: *The robot can open the washing machine.*

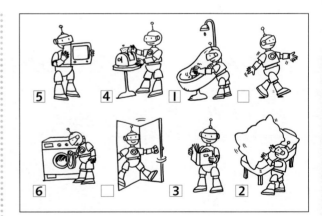

Name _____ Class _____ Date _____

3 Telephone calls with Professor Bit Listen and tick.

4 Professor Bit's clever robot Listen and number the pictures (2–6).

5 Computer words Leseverstehen

Voraussetzungen
Stage 1; Schriftbilder der Computerwörter

Read and circle the 6 computer words.
S lesen die Wörter und umkringeln die sechs Computerwörter.

L: *Read the words. Circle the six computer words.*

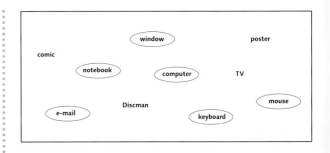

6 Vehicles Leseverstehen

Voraussetzungen
Stage 2; Schriftbilder der Wörter für Verkehrsmittel

Look at the pictures. Read the sentences. Write the numbers in the circles.
S betrachten das Bild, lesen die unten stehenden Sätze und tragen die zu dem jeweiligen Verkehrsmittel gehörige Nummer in den passenden Satz ein.

L: *Look at the vehicles in the picture. They've all got numbers. Read the sentences. Write the numbers in the right circles.*

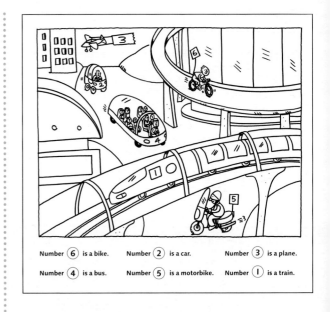

Name _____ Class _____ Date _____

5 Computer words Read and circle the 6 computer words.

                window   poster

comic

       notebook   computer   TV

                                                          mouse
                Discman
e-mail   keyboard

6 Vehicles Look at the pictures. Read the sentences. Write the numbers in the circles.

Number ◯ is a bike.   Number ◯ is a car.   Number ◯ is a plane.

Number ◯ is a bus.   Number ◯ is a motorbike.   Number ◯ is a train.

7 Noises in the city Hörverstehen; Schreiben

→ CD track 13

Voraussetzungen
Stage 2; Schriftbilder der Wörter für Verkehrsmittel

Number the pictures. Write the words in the right boxes.
L spielt Fahrzeuggeräusche von der CD vor; S sehen sich die Abbildungen an und tragen die Ziffern 2–6 in der Reihenfolge des Hörens in die Kästchen des richtigen Bilds ein; dann wählen sie Schriftbilder aus und tragen die Wörter neben den Ziffern ein.

L: *Look at the pictures. Listen to the CD. Number the pictures. Write the words for the vehicles in the right boxes.*

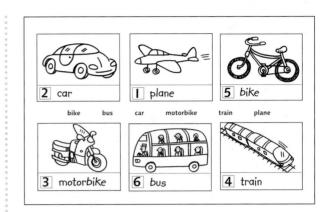

8 Shops in Robot City Schreiben

Voraussetzungen
Stage 2; Schriftbilder der Bezeichnungen für Geschäfte aus der Umgebung

Write 4 shop signs.
S betrachten das Bild, wählen die vier zur Grafik passenden Schriftbilder aus und tragen die Wörter als Geschäftsnamen in die Grafik ein.

L: *Look at the picture. Read the six shop names. Write four shop signs.*

Option
Wer will, kann auch die Language-Awareness-Frage unter der Aufgabe in deutscher Sprache lösen.

Lösungsbeispiel
Im Englischen schreibt man „sh" statt „sch". / Wir würden „shop" mit zwei „p" schreiben.

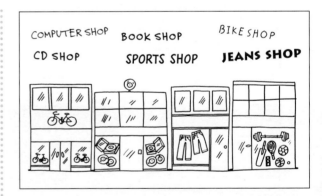

Name _____ Class _____ Date _____

7 Noises in the city Number the pictures. Write the words in the right boxes.

 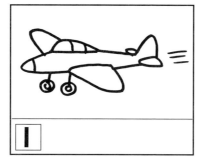 

bike   bus   car   motorbike   train   plane

  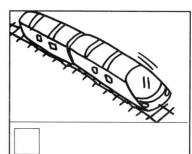

8 Shops in Robot City Write 4 shop signs.

COMPUTER SHOP   BOOK SHOP   BIKE SHOP

CD SHOP   SPORTS SHOP   JEANS SHOP

Das Wort shop *benutzen wir auch im Deutschen. Woran siehst du, dass es ein englisches Wort ist?*

_____

1 Snow White and the dwarfs Hörverstehen

→ CD track 14

Voraussetzungen
Stage 3; Kleidungswörter

Listen and number the pictures (2–5).

L spielt fünf nummerierte Dialoge von der CD vor; S wählen jeweils den Zwerg mit dem richtigen Kleidungsstück aus und tragen die passende Zahl in das Kästchen daneben ein; zwei Zwerge bleiben übrig.

L: *Look at the pictures, please. Listen to the CD. Number the pictures.*

Number 1
Snow White *Tom, wash the socks, please.*

Number 2
Snow White *Ben, wash the shorts, please.*

Number 3
Snow White *And you, Ted, please wash the T-shirts.*

Number 4
Snow White *Bill, can you wash the pullover, please?*

Number 5
Snow White *And Ron, please wash the dress.*

2 Big or small? Hörverstehen

Voraussetzungen
Stage 4; Adjektive

Listen and tick.

L spricht die folgenden Sätze (langsam und ggf. mit Wiederholungen); S versehen das jeweils zutreffende Bild mit einem Häkchen.

L: *Look at the pictures, please. Listen to the sentences. Tick the right pictures.*

Number one: *The dwarfs have got small jeans.*
Number two: *Snow White has got a big dress.*
Number three: *The prince is sad.*
Number four: *Ginger is happy.*
Number five: *The wolf is scared.*
Number six: *The queen is angry.*

Name _____ Class _____ Date _____

1 Snow White and the dwarfs Listen and number the pictures (2–5).

2 Big or small? Listen and tick.

3 Wishes from the fairy Hörverstehen

→ CD track 15

Voraussetzungen
Stage 4; Wünsche

Listen and draw 8 lines.
L spielt drei Dialoge von der CD vor; S ziehen Linien von den drei Märchenfiguren zu ihren drei Wünschen; eine Abbildung bleibt übrig.

L: *Look, here's a fairy. Here are Cinderella, Little Red Riding Hood and Prince Charming. Listen to the CD. Draw lines from the people to the pictures.*

Dialog 1
Fairy   *I'm your fairy, Cinderella. You've got three wishes. What's your wish?*
Cind.   *I want a dress.*
Fairy   *Abracadabra – here's a dress for you, Cinderella. What's your next wish?*
Cind.   *I want fancy shoes.*
Fairy   *Abracadabra – here are your fancy shoes. What's your next wish, Cinderella?*
Cind.   *A skateboard.*
Fairy   *Abracadabra – what a nice skateboard!*
Cind.   *Thank you very much, Fairy.*

Dialog 2
Fairy   *Little Red Riding Hood, you've got three wishes. What's your wish?*
LRRH   *I want a basket.*
Fairy   *Abracadabra – here's a basket for you, Little Red Riding Hood. What's your next wish?*
LRRH   *Red shorts, please.*
Fairy   *Abracadabra – here you are: nice red shorts. And your next wish, Little Red Riding Hood?*
LRRH   *I want a Discman.*
Fairy   *Abracadabra – a Discman for you.*
LRRH   *Thanks a lot, Fairy.*

Dialog 3
Fairy   *I'm your fairy, Prince Charming. You've got three wishes. What's your wish?*
Prince   *I want some jeans.*
Fairy   *Abracadabra – here are blue jeans, Prince Charming. And your next wish, please?*
Prince   *I want a computer.*
Fairy   *Abracadabra – a computer. What's your next wish, Prince?*
Prince   *I want Cinderella's love.*
Fairy   *What a nice wish! Abracadabra – here's Cinderella's love for Prince Charming!*
Prince   *Thank you – you make me so happy.*

4 Fairy tales – who's who? Hörverstehen

Voraussetzungen
Stage 1–6; Wortschatz und Redemittel des Moduls

Listen and number the pictures (1–5).
L spricht die folgenden nummerierten fünf Sätze; S wählen jeweils die richtige Märchenfigur aus und tragen die passende Zahl ein; eine Figur bleibt übrig.

L: *Look at the pictures, please. Listen and number the pictures.*

Number one: He lives on Fantasy Island. He lives in a big castle.
Number two: She's a little girl. Her hood is red. She has got a basket.
Number three: He's an animal. He's big and bad.
Number four: They're very small. They clean the house.
Number five: She's a girl. She has got a bad stepmother and two bad stepsisters.

Name _____ Class _____ Date _____

3 Wishes from the fairy   Listen and draw 8 lines.

4 Fairy tales – who's who?   Listen and number the pictures (1–5).

5 Storybooks Leseverstehen

Voraussetzungen
Stage 1; Schriftbilder der Märchenwörter

Read and draw 4 lines.
S lesen die fiktiven Buchtitel und ziehen je eine Linie zu den entsprechenden Abbildungen; eine Abbildung bleibt übrig.

L: *Look at the pictures on the storybooks. Read the titles under the books. Draw four lines.*

6 Where are the clothes? Leseverstehen

Voraussetzungen
Stage 3; Kleidungswörter

Read and tick "Yes" or "No".
S lesen die Sätze, vergleichen sie mit dem Bild und entscheiden durch Ankreuzen von *Yes* oder *No*, ob sie zum Bild passen oder nicht.

L: *Look at the bad stepsister's bedroom. Read the sentences. Tick* Yes *or* No.

5 Storybooks Read and draw 4 lines.

THE BAD WOLF   Cinderella's castle   *The queen and her shoe*   THE HAPPY PRINCE

6 Where are the clothes? Read and tick "Yes" or "No".

		Yes	No			Yes	No
1 The shoes are on the		✓	☐	5 The pullover is in the		☐	☐
2 The jeans are on the		☐	☐	6 The shorts are in the		☐	☐
3 The T-shirt is in the		☐	☐	7 The cap is under the		☐	☐
4 The dress is under the		☐	☐	8 The socks are on the	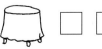	☐	☐

7 An invitation to Ginger's party Schreiben

Voraussetzungen
Stage 2; Einladungen

Write the invitation.
S lesen Gingers Gedankenblase und schreiben eine Einladung nach dieser Vorlage.

L: *Look at the picture. Ginger is having a party. Help Ginger. Write the invitation.*

8 Snow White and Tom's clothes Schreiben; Lesen

Voraussetzungen
Stage 3; Schriftbilder der Farb- und Kleidungswörter

Write the words. Colour the clothes.
S betrachten die Bilder und die Wörter, wählen die zu den Sätzen unten passenden Schriftbilder aus und ergänzen sie in den Sätzen; anschließend malen sie die Kleidungsstücke gemäß den Aussagen in den Sätzen an.

L: *Look at the pictures of Snow White and Tom. What have they got on? Write the words on the lines. Colour the clothes.*

Option
Wer will, kann auch die Language-Awareness-Frage unter der Aufgabe in deutscher Sprache lösen.

Lösungsbeispiel
Sie werden klein geschrieben. / „jeans" und „shorts" sind Mehrzahlwörter.

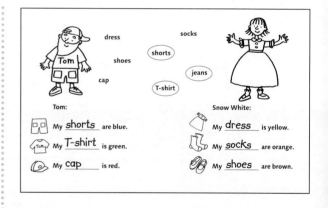

Name _____ Class _____ Date _____

7 An invitation to Ginger's party Write the invitation.

… party …

… in my cabin …

… at 7 o'clock on Sunday …

Please come to my
_____

When: _____
_____

Where: _____

Ginger

8 Snow White and Tom's clothes Write the words. Colour the clothes.

dress   socks   shorts   shoes   jeans   cap   T-shirt

Tom:

 My _____ are blue.

 My _____ is green.

 My _____ is red.

Snow White:

 My _____ is yellow.

 My _____ are orange.

 My _____ are brown.

 Einige englische Namen für Kleidungsstücke benutzen wir auch im Deutschen. Umkringele sie. Was ist dabei im Englischen anders?

_____

Name _____ Class _____ Date _____

Welcome aboard!

Das kann ich: gut geht so nicht so gut

1 Ich kann diese Lieder singen:

 The boat song ○

 Head and shoulders, knees and toes ○

2 Ich kann auf Englisch sagen, wie es mir geht (✓):

 ☐   ☐   ☐

3 Ich kann diese Zahlen auf Englisch sagen (✓):

2 ☐   1 ☐   8 ☐   6 ☐
   5 ☐
   3 ☐   4 ☐
9 ☐   10 ☐   7 ☐

4 Ich kann *Ginger's action rhyme* mit anderen zusammen sprechen: ○

5 Hier sind die Farben, die ich auf Englisch sagen kann:

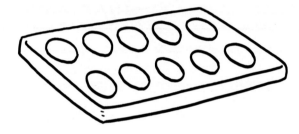

6 Ich kann auf Englisch sagen, welche Möbel in meiner Kabine sind (✓):

Meine Lehrerin oder mein Lehrer meint:

Name _____ Class _____ Date _____

Orange Island   Das kann ich: ☺ gut   😐 geht so   ☹ nicht so gut

1 Ich kann diese Lieder singen:

Oranges, tasty oranges ○

I like to eat pizza and spaghetti ○

2 Ich kann auf Englisch sagen, was auf dem Frühstückstisch steht (✓):

3 Ich kann die Namen dieser Früchte auf Englisch sagen (✓):

4 Ich kann diesen *chant* sprechen:

On Monday no cornflakes ○

5 Ich kann diese Wörter für Pizzabeläge auf Englisch sagen (✓):

6 Ich kann diese Eissorten auf Englisch benennen und sagen, welches mein Lieblingseis ist (✓):

Meine Lehrerin oder mein Lehrer meint:

Name _____ Class _____ Date _____

Circus Island   Das kann ich: *gut*   *geht so*   *nicht so gut*

1 Ich kann dieses Lied singen:

 Reach for the sky

4 Ich kann diesen *chant* sprechen:

 Five in the circus

2 Ich kann die englischen Wörter für diese Tiere sagen (✓):

5 Ich kann auf Englisch sagen, welches Tier ich mag:

6 Ich kann jemanden auf Englisch fragen, welches sein/ihr Lieblingstier ist:

7 Ich kann diese Anweisungen auf Englisch geben:

3 Ich kann die Namen dieser Körperteile auf Englisch sagen (✓):

Meine Lehrerin oder mein Lehrer meint:

Name _____ Class _____ Date _____

Rainbow Island   Das kann ich: gut   geht so   nicht so gut

1 Ich kann diese Lieder singen:

 The weather song

 The goodbye song

2 Ich kann diese Wochentage auf Englisch sagen (✓):

Mon ☐   Tue ☐   Wed ☐
Thu ☐   Fri ☐

3 Ich kann auf Englisch sagen, wie das Wetter ist (✓):

   ☐

  ☐

  ☐

4 Ich kann diese Reime sprechen:

 Don't pick flowers

 I like mud

5 Ich kann jemanden auf Englisch nach dem Wetter fragen:

6 Ich kann diese Wörter auf Englisch sagen (✓):

 ☐   ☐

 ☐    ☐

 ☐    ☐

Meine Lehrerin oder mein Lehrer meint:

Name _____ Class _____ Date _____

Robot Island

Das kann ich: ☺ *gut* ☺ *geht so* ☹ *nicht so gut*

1 Ich kann dieses Lied singen und mich dazu bewegen:

2 Ich kenne diese Computerwörter (✓):

3 Ich kann die englischen Wörter für diese Fahrzeuge sagen (✓):

4 Ich kann diesen *chant* mit einem Partner oder einer Partnerin sprechen:

5 Ich kenne diese Wörter zum Thema Haus (✓):

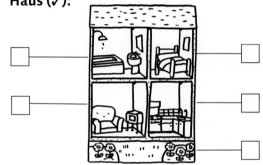

6 Ich kann auf Englisch sagen, was kaputt ist (✓):

7 Ich kann auf Englisch sagen, dass etwas repariert ist:

Meine Lehrerin oder mein Lehrer meint:

Name _____ Class _____ Date _____

Fantasy Island   Das kann ich: gut geht so nicht so gut

1 Ich kann diese Lieder singen:

 Skidamarink

 For he's a jolly good fellow

2 Ich kann auf Englisch sagen, welches mein Lieblingsbuch ist:

3 Ich kann die englischen Wörter für diese Kleidungsstücke sagen (✓):

4 Ich kann auf Englisch sagen, wie ich mich fühle (✓):

5 Ich kann jemanden auf Englisch zu einer Party einladen:

6 Ich kann eine englische Einladung schreiben:

7 Ich kann diese Wörter auf Englisch sagen (✓):

Meine Lehrerin oder mein Lehrer meint:

Name _____ Class _____ Date _____

Was kann ich schon?

1. Halbjahr ☐
2. Halbjahr ☐

Ich kann Englisch **hören** und verstehen.

- Ich kann meine Lehrerin oder meinen Lehrer verstehen, wenn sie/er mir sagt, was ich tun soll:

  ☐ (fast) immer ☐ manchmal ☐ selten

- Ich kann andere Kinder verstehen, wenn sie Englisch mit mir sprechen:

  ☐ gut ☐ geht so ☐ nicht so gut

- Ich kann kleine Geschichten verstehen, wenn dabei Bilder gezeigt werden:

  ☐ sofort ☐ nach mehrmaligem Hören ☐ noch nicht

Ich kann Englisch **sprechen**.

- Ich kann Fragen stellen:

  ☐ allein ☐ mit Hilfe ☐ noch nicht

- Ich kann eine Rolle in einem Rollenspiel übernehmen:

  ☐ allein ☐ mit Hilfe ☐ noch nicht

Ich kann Englisch **lesen** und verstehen.

- Ich kann Wörter und Namen, die wir gelernt haben, lesen:

  ☐ (fast) alle ☐ manche ☐ wenige

- Ich kann Sätze, die wir gelernt haben, lesen:

  ☐ (fast) alle ☐ manche ☐ wenige

- Ich kann englische Wörter in einem Wörterbuch finden:

  ☐ allein ☐ mit Hilfe ☐ noch nicht

Ich kann Englisch **schreiben**.

- Ich kann Wörter und Sätze, die wir gelernt haben, richtig abschreiben:

  ☐ (fast) immer ☐ manchmal ☐ selten

- Ich kann eine kurze Nachricht oder Karte schreiben:

  ☐ allein ☐ mit Hilfe ☐ noch nicht

- Ich kann Bilder im *Activity Book* allein beschriften:

  ☐ (fast) immer ☐ manchmal ☐ selten

Meine Lehrerin oder mein Lehrer meint:

Name _____ Class _____ Date _____

Was hilft mir beim Lernen der englischen Sprache?

2. Halbjahr

Ich kann englische Wörter, Sätze und Geschichten gut **verstehen**,

- wenn meine Lehrerin/mein Lehrer beim Sprechen Bewegungen macht. ☺ 😐 ☹
- wenn meine Lehrerin/mein Lehrer uns Bilder zeigt. ☺ 😐 ☹
- wenn meine Lehrerin/mein Lehrer uns etwas von der CD vorspielt. ☺ 😐 ☹
- wenn Ginger mit uns spricht. ☺ 😐 ☹

Ich kann englische Wörter und Sätze gut **sprechen**,

- wenn meine Lehrerin/mein Lehrer mir etwas vorspricht. ☺ 😐 ☹
- wenn ich gemeinsam mit meinen Klassenkameraden sprechen kann. ☺ 😐 ☹
- wenn ich in eine andere Rolle schlüpfen kann. ☺ 😐 ☹
- wenn ich ein Lied singe. ☺ 😐 ☹

Ich kann mir englische Wörter und Sätze gut **merken**,

- wenn ich sie immer wieder höre. ☺ 😐 ☹
- wenn ich auch sehe, wie sie geschrieben werden. ☺ 😐 ☹
- wenn ich sie mit anderen Kindern in Spielen übe (z. B. *Memory* oder *Bingo*). ☺ 😐 ☹
- wenn ich mir die Mini-Bildkarten in der *treasure chest* immer wieder ansehe und die Wörter spreche. ☺ 😐 ☹
- wenn ich sie selbst aufschreibe. ☺ 😐 ☹

Meine Lehrerin oder mein Lehrer meint:

Name _____ Klasse _____ Schuljahr _____

Einschätzung der Lernentwicklung

Einschätzungskategorien **a** (fast) immer; **b** manchmal; **c** selten

KOMPETENZEN Das Kind …	Welcome aboard	Island	Island	Island	Island	Island
HÖRVERSTEHEN … versteht vertraute alltägliche Wörter und einfache Sätze, wenn deutlich und langsam gesprochen wird.						
… versteht vertraute englische Unterrichtssprache, wenn deutlich und langsam gesprochen wird.						
… erfasst den Inhalt von Gehörtem ganzheitlich, wenn geeignete Verständnishilfen zur Verfügung stehen.						
… reagiert bei täglichen Ritualen und in bekannten Situationen handelnd auf Äußerungen von anderen S oder von L.						
… setzt Gehörtes um und zeigt durch nonverbale Reaktionen, dass es den Inhalt verstanden hat.						
… kann zum Unterricht passenden CD-Aufnahmen folgen.						
SPRECHEN … spricht in Bezug auf Lautbildung und Intonation Wörter, Sätze und kleine Texte richtig aus.						
… verständigt sich auf einfache Art (unterstützt durch Gestik, Mimik und Formulierungshilfen).						
… gebraucht selbstständig einfache Wendungen und Sätze.						
… beantwortet einfache Fragen und kann kurze Fragen formulieren.						

Name _____ Klasse _____ Schuljahr _____

Einschätzung der Lernentwicklung

Einschätzungskategorien **a** (fast) immer; **b** manchmal; **c** selten

KOMPETENZEN Das Kind …	Welcome aboard	Island	Island	Island	Island	Island
LESEN … erkennt bekannte Wörter und einfache Sätze und versteht sie.						
… versteht einfache und/oder mit Bildern unterstützte Anweisungen und handelt danach.						
SCHREIBEN … schreibt nach Vorlage Wörter richtig, die im Unterricht bedeutsam sind.						
… schreibt nach Vorlage Wörter richtig, die ihm selbst wichtig sind.						
LERN-/ARBEITSTECHNIKEN … führt eine (individuelle) Wörtersammlung zu den Themen und Projekten des Unterrichts.						
… nutzt Bild-Wörterbücher als Nachschlagewerke, um unbekannte Wörter herauszufinden.						
… nutzt neue Medien (z. B. die GINGER CD-ROM) zum Üben, Nachschlagen und für das selbstständige Weiterlernen.						
… führt sein Portfolio verantwortungsvoll.						
EINSTELLUNGEN … zeigt Interesse und Freude an der englischen Sprache und am Sprachenlernen.						
… beteiligt sich an den Aktivitäten im Englischunterricht und erledigt seine/ihre Englisch-Aufgaben gern.